AF617652

DABID
LAZKANOITURBURU

UN MUNDO EN PIE DE GUERRAS

Prólogo:
KARLOS ZURUTUZA

Fotografías:
ANDONI LUBAKI

PRIMERA EDICIÓN DE TXALAPARTA
Noviembre de 2024

EDICIÓN: Ane Eslava

EDITORIAL TXALAPARTA S.L.L.
San Isidro 35
31300 Tafalla NAFARROA
Tfno. 948 703 934
info@txalaparta.eus
www.txalaparta.eus

ISBN
978-84-10246-20-1
DEPÓSITO LEGAL
NA 1983-2024

DISEÑO DE COLECCIÓN Y CUBIERTA
Esteban Montorio

MAQUETACIÓN: Itziar Gorrindo

IMPRESIÓN
Gráficas Iratxe
Polígono Agustinos, calle M, 5
31160 Orkoien – Navarra

A mi hermana y hermanos de Lazkanokua.
A mis padres, que me inculcaron la curiosidad
por aprender, algo que a ellos les fue vedado.
A Beñat y a Leire, mis dos pulmones.

«La política es mala; la guerra es malísima. Solo hay algo que supere esos dos males: un engendro llamado política de guerra».

Victus, Barcelona 1714, Albert Sánchez Piñol

Índice

PRÓLOGO
AMARRAR EL TIEMPO MÁS LÍQUIDO

Karlos Zurutuza

«Parece no solo que la historia haya acabado, sino que la geopolítica se congelará en los libros de historia». Esa fue la rotunda lectura de Francis Fukuyama, politólogo estadounidense, tras el fin de la Guerra Fría. En diciembre de 1991, la disolución de la Unión Soviética dejaba tras de sí un reguero de huérfanos ideológicos por todo el mundo, pero también a una legión de analistas e historiadores que tenían la sensación de haberse quedado sin material de estudio. Era el fin del mundo tal y como lo conocíamos y, necesariamente, el comienzo de una nueva etapa bajo un único poder hegemónico: todo se antojaba tan estable como previsible. Por supuesto, el entusiasmo era manifiesto entre el arco político de los triunfadores. Robert Cooper, asesor del primer ministro británico Tony Blair, apuntó al fin de la geopolítica «moderna» y la consecuente emergencia de una zona «posmoderna» en Europa. Ni él ni nadie podía adelantar que, desde aquel 1991, el mundo se vería sacudido por un tsunami cada diez años. En 2001 fueron las Torres Gemelas las que se derrumbaron, el *casus belli* para las invasiones de Afganistán (2001) e Irak (2003); en 2011, la región de MENA (Oriente Medio y Norte de África) se vio sacudida por una cadena de levantamientos que se transformaron en guerras en las que participaban todos: desde Trípoli a Moscú, y desde Damasco a Washington. Puede que fuera la COVID-19 la que provocara un pequeño retraso en esa siniestra pauta en el calendario, moviendo la invasión rusa de Ucrania hasta comienzos de

2022. Da igual. Con el comienzo de la aniquilación de los gazatíes a manos de Israel, a uno le queda la sensación de que esto va demasiado rápido. De que la historia no se descongela ya cada diez años, sino que hablamos de una peligrosa reacción en cadena.

Entender las razones de todo esto pasa por asumir que el axioma de Fukuyama (lo de la geopolítica congelada) era falso. Es cierto que la geopolítica «moderna» es más vieja de lo que pensábamos, con dos bloques que siguen bien definidos aunque la capital del Este se haya desplazado de Moscú hasta Pekín. Pero esa es una línea de análisis llena de trampas. Es esa nueva bipolaridad la que ha empujado a muchos a intentar descifrar el mundo desde esquemas antiguos, e incluso nostálgicos, de esos que lavan la cara a regímenes autocráticos como el sirio o el persa («son antiimperialistas»), reivindican al chino por un comunismo que solo existe en su bandera u otorgan a Vladimir Putin, el presidente ruso, el relevo de una revolución, la bolchevique, que él mismo ha calificado de «traición» al imperio ruso.

Todo es mucho más complicado. El siglo XX fue el del granito y el hormigón, levantado o desescombrado, pero de ese que puedes sostener entre las manos, al fin y al cabo. El XXI es el del líquido que se escurre entre los dedos. Como el gas ruso que brota sin control tras un sabotaje en el fondo del Báltico, o el de ese río de sangre en el que Israel ha convertido Gaza. Vivimos tiempos en los que Turquía vende drones a Ucrania y cierra el Bósforo a la flota rusa del mar Negro. Mientras tanto, trabaja hombro con hombro con Azerbaiyán, que resulta ser el preferido de Moscú en la guerra de Karabaj y que, a su vez, es el mayor suministrador de gas y petróleo de Israel. Podríamos seguir tirando de ese hilo, hasta las bases hebreas instaladas en suelo azerí en la frontera con Irán, aliado imprescindible de Rusia y China para contener la influencia de Estados Unidos en Oriente Medio, entre otros escenarios... No se preocupen si se han perdido en algún momento de la secuencia. Hasta el que escribe estas líneas tiene que releerlas dos o tres veces para evitar grietas.

Si este libro ha llegado a sus manos es porque probablemente usted no se conforma con observar el desastre entre «breves» en periódicos generalistas o aspavientos en las redes sociales. Se trata de entender, o, al menos, intentar abordar una complejidad abrumadora cuyo análisis está al alcance de muy pocos. Dabid Lazkanoiturburu es uno de ellos. Le avalan años al frente de la sección de Internacional del diario *Gara*, una responsabilidad que ha acometido siempre con humildad, honestidad, y, sobre todo, una curiosidad tan vasta como imprescindible cuando se trata de contar el mundo de hoy. Si algo ha hecho Dabi ha sido leer, siempre con la mente abierta, pero manejando la batea con maestría para separar el oro del barro. Durante casi veinte años, he tenido la suerte de compartir con él tanto crónicas de aquí y allá para el periódico como comidas en las que, inevitablemente, se ha desplegado sobre la mesa el puzle geopolítico. El de Oñati escucha (también tiene ese don), y deja reposar los argumentos en silencio antes de dar los suyos. Luego nos recuerda un dato al que no se le prestó la debida atención, un capítulo que nos habíamos saltado cuando nos dejamos llevar por las ganas de cerrar un libro; lo que sea que pasáramos por alto, pero que resulta vital para entender el todo. O al menos intentarlo.

En cierta forma, estas páginas son una oportunidad única de escuchar al jefe de sección fuera de su redacción, ya liberado de la presión de cerrar la edición diaria y ajeno a las limitaciones de espacio de su periódico. Nos consta que destripar los conflictos de nuestros días, desde Ucrania hasta el Sahel, desde Gaza hasta Taiwán, es un planteamiento ambicioso para un libro, por lo que es probable que este también se le haga corto al lector. No obstante, ¿cuánto es suficiente? ¿Existe realmente una medida? Como en casi todo, será algo subjetivo. Lo importante es echar a andar, cada uno a su ritmo y hasta donde le lleven sus ganas. Eso sí, todos agradecemos una pequeña mochila cargada con lo imprescindible para la travesía.

OBSERVACIONES

La elección de las fotografías que ilustran este libro tiene que ver, aunque no siempre, con los conflictos que analiza, porque hemos priorizado, sobre todo, la calidad artística, y por tanto humana, de unas imágenes en las que el fotoperiodista capta como nadie el drama, estridente y silencioso, culpable e inocente, de la guerra.

Las introducciones que preceden a cada uno de los cuatro grandes bloques y sus personajes son pura ficción. Si ilustran la realidad es porque esta emula a aquella, cuando no se ve superada por ella. No es, por tanto, mérito del autor, a quien sí es imputable todo exceso o falta de rigor en estos pequeños ejercicios literarios.

INTRODUCCIÓN

Quien tenga este libro entre manos no encontrará un sesudo análisis bélico sobre las muchas guerras que asolan al mundo. Tampoco se topará con descripciones pormenorizadas de batallas, avances y retrocesos en los frentes, de tácticas y estrategias militares. Y no las hallará en buena medida porque los que fuimos insumisos en las décadas de los ochenta y noventa no somos precisamente duchos en el conocimiento del mal llamado «arte de la guerra». Los objetivos de aquella lucha, por lo menos para quien esto escribe —y que ni en sus peores pesadillas soñaba entonces que iba a escribir un libro sobre guerras— eran no tocar un arma en la vida, acabar con la mili y aportar un granito de arena en la lucha por la desmilitarización. El primer reclamo se logró, el segundo está en el aire en Europa y el tercero está en franco retroceso.

Hace tiempo que el mundo perdió la ingenuidad. Aprendió, con sangre, que la guerra es consustancial a la historia de la humanidad y que responde siempre a una lucha por el control, económico, político y social, de un territorio, de un mar, de una población... En definitiva, del mundo. Y que siempre pierden los mismos. En este sentido, lo que el lector sí avistará en esta obra son algunas claves que pueden arrojar algo de luz a la hora de analizar el actual y convulso teatro de guerras y conflictos latentes. Todo ello sin olvidar que, en este presente globalizado, la práctica totalidad de los escenarios bélicos, desde Oriente Medio hasta Ucrania, pasando por la tensión creciente en el extremo oriente asiático y África, responden, en última instancia, a la pugna por la hegemonía mundial de las actuales dos grandes potencias, EEUU y China, con sus aliados menores respectivos (Europa Occidental y Rusia).

Nunca como ahora hubo tanta perplejidad a la hora de intentar entender el devenir geopolítico. ¿Qué está pasando? ¿Quién es el bueno? ¿Quién el malo?...

Más allá de la habitual querencia del ser humano por el cómodo maniqueísmo, lo que denotan esas interrogantes es la constatación de que vivimos en una incertidumbre absoluta en todos los planos, incluido el mundial. Y eso dificulta las respuestas claras.

Hay, sin embargo, verdades diáfanas, como la de que Israel ha perpetrado un genocidio en toda regla en Gaza, pese a la dificultad a la hora de definir este concepto en el ámbito de la no pocas veces parcial «justicia internacional». Y que está extendiendo esa masacre a toda la región, en los últimos tiempos en Líbano.

En el mismo sentido, bautizar lo que acaece en Oriente Medio como la «guerra de Gaza» es una obscenidad, no solo por la asimetría de los combatientes, sino porque hablamos de un pueblo ocupado frente a un país ocupante que no puede ocultar que su objetivo último, y presuntamente bíblico, mesiánico, es la expulsión definitiva de los palestinos de su tierra.

También seremos claros a la hora de definir la «guerra de Ucrania» como la invasión de Rusia, aunque sea parcial, de un país vecino al que considera su «patio trasero» o su «extranjero próximo o cercano». Pero, sin obviar la responsabilidad primera y principal del Kremlin, tampoco hay que olvidar el papel de otras potencias, sobre todo de EEUU y la OTAN –y en menor medida, de la Unión Europea–, con su ampliación al este, que ha coadyuvado a un desenlace que supone el estallido de una guerra entre «hermanos eslavos» en el corazón de Europa. Una guerra en la que la a veces ciega pulsión uniformizadora de Ucrania provocó un malestar en parte de su población rusófona, escenario aprovechado por Moscú para cimentar y restaurar su viejo y gran proyecto rusificador.

El mismo y sempiterno conflicto en Oriente Medio, del que el genocidio de Gaza es el último episodio, responde a una pugna de intereses y de áreas de influencia con Israel e Irán frente a frente, pero con EEUU, Rusia, Turquía y las satrapías del Golfo detrás, y con China esperando en la trastienda. Todo ello por el control del 60 % de las reservas de crudo mundial en una zona, además, cruce de caminos estratégico.

Nos encontramos, por tanto, con muchos actores que juegan a varias bandas y apoyan coyunturalmente a unos o a otros, lo que provoca esa sensación de incertidumbre y de interinidad en los análisis geopolíticos.

Y muchas guerras. El último Índice de Paz Global certificaba 56 conflictos bélicos activos, la mayor cifra desde la II Guerra Mundial, con la participación directa o indirecta de 92 países, otra cifra récord. Esas guerras provocaron solo en 2023 un total de 162.000 muertos, 83.000 de ellos en Ucrania y más de 30.000 en Gaza. Además de 117 millones de refugiados y desplazados (máximo histórico), la mayoría en Siria, Afganistán y Ucrania, y ahora en Gaza y Líbano, pero sin olvidar a África. A ellos hay que sumar otras tantas guerras latentes.

Las convenciones internacionales para regular las guerras no rigen en los conflictos latentes o congelados, lo que libera a sus contendientes de cualquier tipo de control o fiscalización de sus desmanes.

Sin embargo, la impunidad creciente de los actores de las guerras abiertas, de la que el Israel de Netanyahu es el paradigma, hace que la diferencia entre estas y aquellos sea cada vez más difusa.

Este trabajo se centra, ante todo, en los principales dramas bélicos que sacuden al mundo en los últimos tiempos.

Y el genocidio de Gaza, por su crueldad y por la decisión de Israel de convertirlo en una conflagración regional, recibe una atención preferente. Y es que la de Gaza se superpone a, y agrava, guerras inacabadas como la de Siria y Líbano, y se enmarca, junto con estas últimas, en la guerra fría –mejor decir caliente– entre Israel e Irán.

No menor es la alarma que generó la agresión-invasión rusa de Ucrania, un escenario que por su duración (casi tres años) y por su propia naturaleza –una guerra de posiciones y de desgaste con escasos avances de uno y otro bando tanto en el frente de batalla como en el negociador–, ha tenido en los últimos meses un escaso eco mediático ante el creciente hartazgo de las opiniones públicas, eclipsada asimismo por Gaza. Pero que no debería ser olvidada, por las enormes bajas en ambos ejércitos y por el sufrimiento de las poblaciones civiles, sobre todo el de los ucranianos pero sin olvidar a los que habitan en el este rusófono del país, fuera del control de Kiev desde 2014. Y porque evoca reminiscencias de unas épocas en las que Europa era el epicentro bélico mundial. Un Viejo Continente que, pese al sobresalto de la guerra de Bosnia en los noventa, soñaba hasta ahora que vivía poco menos que en una «paz permanente».

Hablamos de Europa Occidental y Central, ya que, en el contexto de desplome de la URSS, Rusia y varias repúblicas soviéticas y territorios en litigio, han protagonizado y sufrido desde entonces no pocos conflictos. El de Nagorno Karabaj entre Armenia y Azerbaiyán fue el primero y de momento ha sido el último, aunque hubo otros, como las guerras chechenas, sin olvidar el conflicto de Abjasia con Georgia, o los conflictos en Trandsnistria y Gagauzia, territorios ambos situados en Moldavia.

Pero, para olvido, el de las guerras africanas. La de Sudán, pese a su trágica actualidad. La del Congo, que, por lo contrario, persiste en el tiempo en un país que sufre a día de hoy la tercera fase de la conocida como Guerra Mundial Africana, que estalló allá por 1996. Más antigua e igualmente descorazonadora es la lucha del pueblo saharaui contra la ocupación de Marruecos. Y reciente ha sido el conflicto de Tigray, territorio situado en Etiopía.

Qué no decir del embate yihadista en el Sahel africano. Un desafío que se nutrió en origen de la guerra civil en Argelia y recibió un renovado impulso tras el caos y la guerra –que aún colean–, que siguió al derrocamiento de Muamar Gadafi en Libia. Y, que tampoco se olvide, se inició como una revuelta armada del soberanismo tuareg contra el Gobierno de Mali que fue rápidamente secuestrada, como ocurrió en Siria con la primavera democrática, por el yihadismo. Un yihadismo que, de la mano sobre todo del ISIS, aunque sin descartar a otros grupos, amenaza a Europa desde el este (Rusia), desde el norte de África y desde el propio corazón del Viejo Continente. Un corazón cada vez más de piedra ante los inmigrantes y refugiados, desde los recién llegados hasta incluso los de tercera generación.

Antes también había guerras, tan o más sangrientas que las de ahora. Y es verdad que la memoria, como mecanismo de supervivencia, dulcifica el pasado para convertirlo en nostalgia. Ya lo dijo con su infinita maestría José Luis Borges: «El pasado es arcilla que el presente moldea a su antojo». Pero no es menos cierto que antes las posiciones geopolíticas estaban prefijadas y respondían a un esquema de bloques bien definidos, EEUU versus URSS, que definían los escenarios de sus conflictos por delegación, y tras los que se alineaban los demás actores. Hoy no.

El mundo bipolar que conocimos los que hace tiempo dejamos de ser jóvenes fue sustituido por un unilateralismo estadounidense que se reveló felizmente como un espejismo. Y ambos han sido relevados por un multipolarismo en el que no hay reglas y en el que las instituciones internacionales, como la ONU, han perdido la escasa influencia que tuvieron.

En la Guerra Fría había reglas, como las había en el efímero mundo unipolar estadounidense. No eran justas, pero eran reglas. Ahora impera una impunidad que está siendo brutalmente patente con el «unilateralismo» criminal de Israel, e incluso con la decisión de Rusia de invadir un país.

Más aún, las potencias regionales, cada vez más emergentes, pugnan por sus intereses manteniendo una autonomía que les permite lo que en el argot económico se define como no echar las manzanas a una sola cesta.

La posibilidad de muchos países de rezar a la vez a dios y al diablo tiene, evidentemente, consecuencias positivas, ya que les otorga margen de maniobra ante las grandes potencias. Un avance, habida cuenta además de que dios nunca ha existido en el endiablado panorama geopolítico.

Pero esto tiene, como todo, su cara b. Los alineamientos no responden a cuestiones ideológicas o visiones del mundo. Los viejos clichés ya no sirven. Y no porque el eje izquierda-derecha no tenga vigencia. La sigue teniendo, bien que modulada por los efectos que tuvo en la izquierda el fracaso del llamado «socialismo real» y por la necesidad de rearticular frentes amplios ante la emergencia de la extrema derecha, a la que intentan arrebatar la agenda con la reivindicación socialdemócrata del baqueteado Estado del bienestar.

La lucha de clases ha sido sustituida en los estados más industrializados por la pugna entre el mundo rural y el urbano. Entre el cosmopolitismo ilustrado y los que, en parte con razón pero no sin grandes dosis de emocionalidad nostálgica por los «buenos viejos tiempos», se sienten víctimas de la globalización económica, informática y cultural. Y que no dudan en machacar a los verdaderos perdedores: los inmigrantes, los pobres y los que luchan por sus mínimos derechos y por su dignidad.

La foto del tablero internacional no es menos borrosa y constituye un puzle de cacofonías.

El bilateralismo ha mutado en una jauría de pequeños diablos –el uso del diminutivo es comparativo pero no les resta un ápice de peligrosidad– y aprendices de brujo que articulan alianzas cruzadas movidos por sus propios intereses espurios. También respecto a Gaza y Ucrania.

Están los que, por oposición a Pekín y Moscú, no dudan en apoyar a una administración, la estadounidense, cómplice, por no decir coautora por su apoyo militar, en el genocidio de Gaza y la ofensiva militar israelí en Oriente Medio y perpetradora de tantas otras agresiones imperiales.

Los que median en la negociación para acabar con la guerra de Ucrania son una China que, por su propia inercia como potencia mundial, ya es parte del conflicto, la Hungría del ultraderechista y panmagiar presidente húngaro Viktor Orban y el neotomano presidente turco Recep Tayip Erdogan, de cuya «disposición aperturista» dan fe tanto el pueblo kurdo como la propia oposición turca. Un Erdogan que, junto con el cada vez más deslegitimado régimen iraní de los ayatollahs, se erige en defensor de la causa palestina mientras sigue haciendo negocios con Israel, y se mantiene en la OTAN.

La India del panhindú Narendra Modi, uno de los dirigentes mundiales más peligrosos de la actualidad, se mueve en la equidistancia comprando petróleo barato a Rusia y credibilidad a Occidente mientras aspira a disputar a China su primacía asiática.

Están, asimismo, los que, por oposición a Washington, se alinean con Rusia y China, dos gigantes, uno geográfico y militar y otro mundial, conocidos por el «respeto» a sus poblaciones y disidencias y a su extranjero cercano. Una Rusia dirigida por quien fuera agente del servicio secreto soviético reconvertido a la ortodoxia cristiana y erigido en líder del movimiento panruso. Las extremas derechas europeas y americanas se reparten entre su apoyo a Kiev y a Moscú, que justifica paradójicamente su invasión para «desnazificar» (sic) Ucrania. Una Ucrania que no quiere, o no puede, desasirse de la soga con la que la ultraderecha nacional la tiene asida desde hace años.

África, en fin, se ha convertido en pasto de la pugna por sus ingentes recursos por parte de un Occidente en repliegue pero que insiste en su afán neocolonial, una Rusia que manda a sus mercenarios y una China que envía detrás a sus ingenieros, cartógrafos y banqueros.

Un magma, en definitiva, difícil de desentrañar hasta para los más avezados.

Al punto de que hay analistas como Rafael Poch que han comparado la situación actual con la era de los Reinos Combatientes en la convulsa China del siglo II. O con la caótica pugna de los imperios coloniales europeos que desembocó en la I Guerra Mundial. Y esa es la razón, más cualitativa que cuantitativa, de que hayamos decidido añadir el plural al título de este modesto ensayo, que debería, según las reglas académicas, respetar el tradicional y singular «en pie de guerra».

Aunque, en el fondo, guerra hay una. Una lucha descarnada que libran un imperio, EEUU, que ve cómo se hunde su orden en el mundo –un guion que instauró como gran vencedor en las dos guerras mundiales del siglo XX–, y una potencia emergente, China, que, con sus casi 4.000 años de historia milenaria y sus 1.400 millones de habitantes, reivindica su lugar central en el mapa y aspira a convertirse en la primera potencia mundial para 2050, centenario de la fundación de la República Popular China.

Hablamos de una nueva Guerra Fría, que tiene su primera línea de choque en Taiwan y el mar de China Meridional, en la que cada contendiente busca fortalecerse con alianzas. EEUU con Europa y sus aliados asiáticos, y China con Rusia y los aliados de esta, Irán y Corea del Norte, y con guiños al Sur Global. Estamos ante un resultado incierto, lo que no le resta un ápice de riesgo. De ahí que incluyamos un análisis sobre la crisis en torno a Taiwán, incluido un anexo sobre la pugna creciente en el mar de China Oriental.

Y es que, pese a la cada más evidente incapacidad para imponer su ley, sea a través de invasiones y ocupaciones fallidas (como Afganistán e Irak) o mediante la diplomacia del dólar, EEUU sigue siendo la primera economía del planeta, impulsada a su vez por Silicon Valey, y enarbola, en paralelo, la primacía cultural mundial, estadounidense o, si se quiere y por extensión, anglosajona. A todo ello se añade la condición indiscutible, aunque cada vez más discutida, de EEUU como primera potencia militar mundial.

Pese a ello, el país norteamericano, con esa inmadurez confiada y connatural a su bisoñez (solo tiene 250 años de historia), se debate en una crisis existencial. Justo cuando el desplome de la URSS en los noventa parecía inaugurar el fin de la historia y el triunfo total de la «pax americana», arrancaba paradójicamente el comienzo del fin de ciclo imperial estadounidense.

Ello se traduce en los últimos años en un creciente malestar de amplias capas de su población, lo que le aboca a una creciente polarización interna, así como a una contradicción irresoluble entre la apuesta por el aislacionismo internacional como refugio y un intervencionismo creciente contra la emergencia china. Esa pulsión autodestructiva de EEUU, personificada en el expresidente y candidato Donald Trump y en la deriva antisistema del viejo Partido Republicano (Old Party), recuerda a la decadencia de Roma.

Frente a EEUU, China ha registrado desde los años ochenta un crecimiento exponencial, un boom económico fundamentado en una aperturista enmienda a la totalidad al maoísmo y a sus excesos dirigistas (el Gran Salto Adelante y su correspondiente hambruna, la Revolución Cultural y el consiguiente empobrecimiento de sus recursos, científicos, intelectuales, humanos...) y en la conversión del país en la fábrica del mundo. Pero también, paradójicamente, debe su éxito en parte a la decisión del «Gran Timonel», Mao Zedong, de crear una incipiente industria nacional y a la lucha exitosa contra el hambre atávica en una China que era hasta hace meses el país con más población del mundo –le acaba de superar India– pero sigue siendo el octavo en tierras cultivables.

Deng Xiaoping, el «Pequeño Timonel», instauró un proceso de liberalización económica (socialismo de mercado con características chinas) pero, tras la brutalmente reprimida revuelta estudiantil de Tiannanmen en 1989, frenó en seco cualquier intento de apertura política importada de Occidente. El colapso de la URSS aquel año y el fiasco que supuso su sustitución en Rusia por un régimen oligárquico-«democrático» que saqueó los recursos del país y lo llevó a la bancarrota total en 1998 pareció dar la razón al Partido Comunista Chino (PCCh). Este, a cambio de prometer a la población la mejora progresiva de sus condiciones de vida materiales, mantuvo férreamente el poder. Una suerte de «contrato social» a la china.

La llegada al poder de Xi Jinping ha supuesto el inicio de una nueva era. El secretario general del partido y presidente chino ha consagrado un culto a su figura que por momentos recuerda al del propio Mao, y ha derribado de un plumazo el consenso negociado tras la muerte de este entre los distintos sectores del PCCh, superando los dos mandatos preceptivos y perpetuándose en el poder. En el plano internacional, ha acabado con el modelo de diplomacia contenida de Pekín.

Apoyándose en el llamado Sur Global, China es cada vez más asertiva en el mundo, lo que la convierte en más agresiva a la hora de reivindicar los territorios y zonas que considera suyos, como Taiwán o el mar de China Oriental, y de defender tanto su alianza estratégica con Rusia como sus intereses en Oriente Medio y África. A ello contribuye un destacado aumento en el gasto militar y un giro autoritario en el interior del país, perceptible en la derogación de las veleidades democráticas en Hong Kong y en la represión de la población uigur (musulmana) en Xinjiang (Turkestán Oriental). Ello no ha impedido la emergencia de protestas como la que llevó a Pekín a levantar antes de lo previsto la rigorista política de «cero COVID» al final de la pandemia. Y, tras aquella epidemia sanitaria mundial, la economía china no termina de repuntar y parece sufrir eso que se llama crisis de crecimiento.

Ambos escenarios, el estadounidense y el chino, arrojan dudas sobre el desenlace de esa pugna.

Lo viejo no ha muerto y lo nuevo no termina de nacer.

Esperemos que la humanidad no sucumba a una dolorosísima gestación y supere este difícil parto.

ORIENTE MEDIO

Un ruido ensordecedor despierta a Hassan al Haraj. Aún no asoman las primeras luces del alba sobre el extrarradio de la ciudad de Gaza. Su profundo sueño juvenil se ve sacudido bruscamente por el traumático recuerdo de los bombardeos israelíes de 2014, cuando solo era un niño.

Sus hermanas y hermanos pequeños, sobresaltados, buscan refugio arremolinándose bajo el abrazo inabarcable de su madre en un rincón del piso que hace las veces de improvisada sala-comedor. Su padre murió en otro ataque israelí en 2021, hace dos años.

Pero lo que oye no es el implacable sonido de las bombas. Suena más al traqueteo de excavadoras, alternado con gritos de júbilo y explosiones aisladas.

Designado por la fatalidad como el «hombre de la casa» en una sociedad marcada tanto por el drama como por el paternalismo más arcaizante, Hassan decide salir de casa para saber qué está pasando.

Es el día 22 Rabi' al-Awwal del año 1445 en el calendario musulmán. Sabbat y festividad del Sukot para los judíos.

El muro-valla construido por Israel para convertir a Gaza en el campo de concentración más grande y hacinado del mundo salta en pedazos en medio de vítores.

Tras lanzar miles de cohetes contra Israel, hasta 5.000 según Hamas, milicianos de su brazo armado, las brigadas Ezzedin Al Qasam, y otros grupos como la Yihad Islámica, seguidos por una multitud de jóvenes civiles como Hassan al Haraj, saltan sobre las piedras y los restos de la alambrada. Los gritos de Allahu Akbar saludan la huida, despavorida, de los pocos soldados de la División de Gaza, unidad militar israelí encargada del muro y de las periódicas operaciones de castigo contra la Franja.

Hassan no se atreve, sin embargo, a adentrarse más allá, en territorio enemigo, y espera, atento e inmóvil, inca-

paz de entender lo que ha pasado pero temeroso de sus consecuencias.

Horas después, en vehículos pick-ups, a bordo de motos o a pie, los milicianos regresan apresurados. Traen a decenas de rehenes, algunos muertos y otros heridos, apresados en los cuarteles y en los kibutz, granjas sionistas en su día colectivas y erigidas en la frontera de los territorios palestinos ocupados.

Vuelven sobre sus talones. El ejército israelí se ha reagrupado y ha mandado refuerzos. Resuena el eco de las cadenas de los tanques y se oye a lo lejos el vuelo de helicópteros.

Hassan cruza de vuelta la inexistente valla de camino a casa. Le persigue un temor y la convicción que, pese a su corta edad, le da la experiencia. La venganza israelí será terrible.

Diez meses después, sus peores presagios se han hecho realidad. Hassan y lo que queda de su familia –dos de sus hermanitas murieron en un bombardeo en marzo– penan de un lado a otro de la Franja siguiendo las órdenes de evacuación israelíes en refugios improvisados y duermen bajo tiendas de campaña hechas con desechos de plásticos.

Su madre, Farah, ya no es la misma. La pérdida de sus pequeñas la ha matado en vida. Ni siquiera hace asomo de levantarse cuando llega al campo uno de los escasos camiones con comida y ayuda de urgencia.

Hassan sí lo hace. El cruel destino de su pueblo le ha obligado, siendo casi un niño, a ser el «padre de familia» y tiene que alimentar al resto de sus hermanos, ya famélicos y desnutridos. Para que sigan con vida hasta el siguiente bombardeo.

EL 11-S ISRAELÍ

7 de octubre de 2023. Miles de milicianos palestinos destrozan el muro y cruzan a territorio israelí por tierra, mar y aire. Lo hacen amparados por miles de cohetes lanzados desde Gaza contra Israel. En pocas horas, y con escasa resistencia, asaltan puestos militares y kibutz (granjas colectivas judías) y sitian varias ciudades israelíes, además de interrumpir a tiros un macroconcierto a cinco kilómetros de la frontera.

No pocos de ellos son descendientes de palestinos refugiados en Gaza originarios de esas mismas tierras, que pisan por primera vez. No se lo pueden creer. En unas horas irrumpen en casas, matan a cientos de civiles y militares y se llevan a cientos de rehenes.

Mucho se ha escrito sobre cómo fue posible que Hamas –acrónimo del Movimiento de Resistencia Islámica– asestara, con su brutal incursión al otro lado de la sellada frontera de Gaza, semejante golpe a Israel, el mayor desde la creación en 1948 del Estado sionista. Una incursión que, según el balance de la Oficina de Naciones Unidas para la Coordinación de Asuntos Humanitarios, se saldó con 1.143 muertos, cientos de heridos y más de 200 rehenes. También con más de 1.600 asaltantes palestinos abatidos en el contraataque israelí.

(Sobre las víctimas israelíes, no pocas de ellas cayeron por fuego amigo. Israel no ha suministrado cifra alguna, pero sabido es que su Ejército se rige por la «doctrina Aníbal», que se marca como principio impedir que el enemigo se lleve rehenes incluso a costa de provocar bajas civiles propias).

Complot conspirativo

No faltan, como siempre, teorías conspirativas que insisten en que fue una incursión permitida por el Gobierno israelí. Un auto-ataque de falsa bandera.

Es cierto que los «todopoderosos» servicios secretos o de «inteligencia» israelíes (Shabak), que incluyen al famoso Mossad (exterior), al Shin Bet (interior) y Aman (seguridad militar), habrían alertado con más de un año de antelación de que Hamas preparaba una acción de envergadura; incluso hubo un aviso esa misma noche.

También es cierto que Israel respondió con una brutalidad sin precedentes mientras la ultraderecha colona y ortodoxa que sostiene al Gobierno del primer ministro Benjamin Netanyahu defiende abiertamente la expulsión de los palestinos que sobrevivan a las bombas en la Franja al desierto egipcio del Sinaí y a Jordania. En definitiva, una segunda Nakba o expulsión de sus tierras.

Pero todo, incluida la dimisión el pasado mes de abril, seis meses después del ataque, del jefe del servicio secreto militar, Aharon Aliva, apunta a que estamos ante un error mayúsculo de interpretación de las alertas de la inteligencia israelí. Ante un fallo de cálculo provocado, por una parte, por la decisión del Gobierno sionista, presionado por esos mismos colonos judíos, a centrar su atención, y su presión ocupante, sobre Cisjordania. Y, por otro lado, por la convicción, basada en una percepción equivocada de su evidente superioridad militar, de que era imposible que un grupo de «desharrapados» como Hamas, por mucha ayuda que recibieran de Irán o de la organización chií libanesa de Hizbullah, se atreviera a lanzar semejante desafío.

Sobre todo cuando la situación en la Franja parecía, a ojos de Israel, tranquila en los últimos tiempos, con el suministro mensual de los salarios a los funcionarios del Gobierno islamista por parte de Qatar, el padrino internacional del islam político –al que pertenece Hamas–, y con la reapertura, controlada, de pasos fronterizos para trabajadores temporeros gazatíes en Israel.

Mientras tanto, Hamas había dedicado todos esos meses a preparar con el mayor de los sigilos, y con mensajes boca a boca, un operativo que dejó en evidencia las fallas de la seguridad israelí.

¿Una acción consensuada?

Abundan, asimismo, las hipótesis en torno a la decisión de la organización de llevar a cabo semejante acción. Hay quien apunta a que se trató de un golpe encima de la mesa de Hamas en el interior, personificado y ordenado por su hombre fuerte en Gaza, Yahya Sinwar.

En el momento de entregar esta obra a imprenta, el histórico exprisionero palestino y líder de la rama militar de Hamas, las Brigadas Ezzedin Al Qasam, seguía sin ser «neutralizado», eufemismo que utiliza el sionismo para definir sus asesinatos selectivos, a mediados de octubre de 2024. Los números dos y tres de la organización, y considerados los cerebros del asalto, habrían muerto, según Israel. Mohamed Deif, en un bombardeo no precisamente selectivo (noventa muertos), el pasado 13 de julio; Marwan Issa, en marzo.

Hamas confirmó la muerte de este último, pero calla en torno a Mohamed Deif, el *Invitado*, alias que hace referencia a su constante movimiento de un sitio a otro para sortear la decena de ataques infructuosos contra él desde 2001. Deif, del que existe solo una foto, con parche para tapar un ojo perdido en uno de los atentados contra él, era todo un símbolo de la resistencia palestina.

Sea como fuere, y tuvieran o no conocimiento del ataque los representantes de Hamas en el exterior, el primer ministro Ismail Haniyeh —muerto a su vez en un bombardeo el 31 de julio de este año en Irán—, y Jaled Meshal (refugiado en Qatar), la fecha elegida fue todo menos casual.

Dos veces en la misma piedra

En la madrugada del 7 de octubre de 2023, justo cuando Israel celebraba la fiesta del Sukot, que conmemora la mítica huida de los judíos por el desierto para escapar de su aniquilación por orden del faraón egipcio, se cumplían precisamente 50 años de la guerra de Yon Kippur, desatada por el mismo Egipto de Anwar Sadat y la Siria de Hafez al-Assad, y que debe su nombre a que la iniciaron en la fecha más sagrada del calendario judío, el Yong Kippur o «Dia de la Expiación».

Y es que, como le pasó al jefe de los servicios secretos militares y general Aliva cuando, estando de vacaciones en Eilat, desoyó una llamada de alerta horas antes del asalto de Hamas, la histórica primera ministra sionista Golda Meir había hecho lo mismo medio siglo antes y tampoco dio crédito a las alarmas de un ataque inminente sirio-egipcio transmitidas por los servicios secretos y por el entonces rey Hussein I de Jordania. El Gobierno israelí de la época trató de minimizar su responsabilidad escudándose en que el Ejército, el Tsahal, insistía entonces en la «casi nula» probabilidad de un ataque de los países árabes, sobre todo después de la contundente derrota de estos en la Guerra de los Seis Días en 1967.

La coincidencia en el error no es algo baladí y tiene que ver con que Israel concibe su supervivencia única y exclusivamente en términos securitarios, en machacar al enemigo y debilitarlo hasta el punto de que no pueda reaccionar y atacar. Ocurre que la seguridad no existe en términos absolutos y el enemigo busca con constancia, perseverancia y tesón abrir grietas en ella. Y a veces, como en esta, lo consigue.

1973-2023, La historia se repite, pero no como farsa, que diría Marx, sino como una mezcla de estupor y vergüenza. Porque esta vez el ataque no llegó de la mano de ejércitos regulares árabes sino de tan solo 3.000 milicianos del brazo armado de la organización islamista palestina Hamas.

Asedio al «gueto» palestino

Cinco «guerras» ha librado Israel contra Gaza desde que decidió en 2006 su desconexión de la Franja, convirtiéndola de facto en un abarrotado campo de concentración, el mayor del mundo, con más de dos millones de personas encerradas en una banda de tierra de 360 kilómetros cuadrados, 41 kilómetros de largo y de 6 a 12 kilómetros de ancho.

La más sangrienta hasta la fecha había sido la de 2014 y todas se saldaron con cientos de palestinos muertos y frágiles treguas tras intercambios de rehenes y prisioneros en las cárceles israelíes. 6.898 palestinos murieron bajo las bombas desde que Hamas se hizo con el control de Gaza en 2007 y hasta el 7 de octubre de 2023. En ese mismo período murieron 326 israelíes, entre soldados caídos en enfrentamientos y víctimas de atentados y de cohetes palestinos.

La desproporción entonces era de un israelí por 21 palestinos muertos.

Israel creía tener controlada la situación. Permitía la ya mencionada ayuda económica a Gaza, crucial, junto con la ayuda humanitaria, para la supervivencia de sus habitantes. Toleraba asimismo que el presidente islamista turco, Recep Tayip Erdogan, lanzara periódicamente algún exabrupto contra Israel para escenificar su apoyo político a sus hermanos de fe palestinos. Y es que mientras tanto, entre bambalinas, Turquía y el «monstruo sionista» –así lo calificaba el líder neotomano– seguían estrechando relaciones económicas y comerciales.

Hamas, o sus aliados y a la vez rivales de la Yihad Islámica, podían lanzar una salva de cohetes a Israel o alguna emboscada o ataque contra soldados israelíes en respuesta a los desmanes de la ocupación y colonización de Cisjordania o tras una más de las habituales provocaciones israelíes en la mezquita Al Aqsa de la ocupada Jerusalén. Bastaba una campaña de bombardeos y una fugaz incursión de castigo a Gaza y «asunto resuelto».

Pero esta vez no fue así.

El odio estalla

El asalto coincide con un momento de creciente desesperación del pueblo palestino, que se traduce en Gaza en la percepción de sus habitantes de que morirán encerrados y enterrados en vida.

Una desesperanza que ya había dado señales, pese a la miopía de Israel. Como recuerda Tareq Baconi en *Hamas, auge y pacificación de la resistencia palestina* (Capitán Swing), los gazatíes protagonizaron durante semanas entre 2018 y 2019 la Gran Marcha del Retorno, en la que miles y miles de personas se congregaban diariamente ante la valla desafiando a los francotiradores israelíes, que mataron a más de 200 palestinos e hirieron a 36.000. Hamas, que no lideró las protestas pero se alineó con ellas enviando a milicianos a protegerlas con las armas, tomó cumplida nota del hartazgo de los gazatíes.

Solo dos años después, en 2021, los planes de los colonos judíos para expulsar a los palestinos de un barrio de Jerusalén Oriental provocaron protestas en torno a la mezquita Al Aqsa, reprimidas brutalmente por la policía israelí, lo que provocó la «Intifada de la Unidad», un movimiento que rompió la división geográfica y política palestina y llevo a Hamas a lanzar por primera vez cohetes desde Gaza hacia la ciudad «tres veces santa».

En esos años habían surgido en Cisjordania grupos armados palestinos al margen del histórico movimiento Fatah, como la «Guarida de los Leones», que evidenciaban el malestar de los jóvenes con el insoportable statu quo corrupto de la Autoridad Palestina (ANP). 2023 fue el año más sangriento para la población del enclave ocupado desde la intifada de 2005.

Refugiados de por vida

Por su parte, los seis millones largos de refugiados palestinos, repartidos principalmente por los países de alrededor (Jordania, Líbano, Siria...) pero también por el resto del mundo, son conscientes de que nunca regresarán a sus casas o a las de sus antepasados –muchos guardan las llaves–, de las que fueron expulsados en la Nakba, la catástrofe perpetrada en 1948 tras la creación del Estado de Israel y la primera guerra árabe-israelí, y 19 años más tarde, en el marco de la Guerra de los Seis Días (1967).

El 7 de octubre de 2023, Hamas no solo acabó de forma abrupta con su política de contención, con la que parecía asumir, con estallidos esporádicos, el encargo de Israel de que gestionara el eterno purgatorio de Gaza. Sobre todo, y siguiendo a Baconi, «acabó con uno de los pilares centrales del sionismo: que Israel podía proporcionar un refugio seguro a los judíos sin tener que abordar la cuestión palestina en términos políticos [...] [que] es posible encerrar a los palestinos en bantustanes y que el Estado que controla sus territorios siga disfrutando de paz y seguridad».

La traición de los regímenes árabes

La angustia vital palestina no justifica pero sí da contexto a la incursión del 7 de octubre. La propia Hamas ha reconocido desmanes tanto en el festival de música Supernova, a cinco kilómetros de la Franja, como en los kibutz israelíes –en uno de ellos fue masacrado junto a su compañera el zarauztarra Ivan Illarramendi–, aunque los enmarca en el descontrol que siguió a la ruptura del muro fronterizo.

Y es que no faltan análisis que apuntan a que los asaltantes nunca habrían esperado tan poca resistencia israelí en su avance y que a lo sumo aspiraban a una corta incursión contra las bases militares alrededor de la Franja para matar al mayor número de soldados posibles y volver con los que se rindieran para su posterior intercambio por prisioneros.

Más allá de las circunstancias que rodearon la incursión, el momento elegido coincidió con la desesperación de los palestinos por el creciente reconocimiento de los regímenes árabes a Israel.

Asistimos a la enésima traición de las satrapías árabes al pueblo, el palestino, que vivía en aquel territorio antes de la llegada masiva de judíos auspiciada por los vencedores de la II Guerra Mundial tras el Holocausto, en el que seis millones de judíos fueron masacrados en ejecuciones masivas y en los campos de concentración nazis.

EEUU, consciente de su pérdida de influencia en Oriente Medio –y en todo el mundo–, impulsaba desde hace años la normalización de las relaciones de sus aliados árabes con Israel, su gendarme en la región. En 2020, el presidente Donald Trump mostró su conexión total con el sionismo logrando que Emiratos Árabes Unidos, Bahrein y Marruecos firmaran los llamados «Acuerdos de Abraham», que en la práctica derogan la histórica exigencia árabe del reconocimiento por parte de Israel de un Estado palestino como condición para establecer relaciones diplomáticas y económicas con el Estado sionista. Los tres regímenes árabes –la junta militar de Sudán fue presionada por Washington para que hiciera suya la iniciativa pero no llegó a firmarla por la negativa de la oposición civil y el estallido de la guerra– se sumaron así a Jordania y a Egipto en la normalización de sus relaciones con Israel.

El sucesor de Trump en la Casa Blanca, el demócrata Joe Biden, prosiguió con el plan y en 2023 estaba a punto de ampliar la lista ni más ni menos que con Arabia Saudí, guardiana de los dos primeros lugares santos del islam: la Meca y la ciudad de Medina. El tercero es precisamente la explanada de la mezquita de Al Aqsa, desde donde, según la creencia musulmana, su fundador, Mahoma, ascendió al cielo.

Repercusiones políticas regionales

La incursión de Hamas, bautizada precisamente como «Operación Inundación de Al Aqsa», paralizó el acercamiento saudí-israelí. Lo que refuerza la convicción de que la operación contó, si no con el apoyo, sí con el conocimiento y aval de la República Islámica de Irán, que, a través de sus sucursales en Líbano (Hizbullah), Irak (milicias chiíes), Yemen (huthíes) y con sus Guardianes de la Revolución en Siria, libra una guerra por delegación contra Israel y rivaliza con Arabia Saudí en la lucha por la preminencia regional.

En la guerra de Yon Kippur de hace medio siglo, el Ejército de Israel, con el entonces primer ministro Ariel Sharon a la cabeza, logró, con grandes bajas, frenar la inicialmente exitosa ofensiva egipcia por el canal de Suez y rodear totalmente a su tercer ejército. En lo que respecta a Siria, la Armada de Al-Assad fracasó desde el inicio en su ofensiva desde los Altos del Golán y el Tsahal le persiguió hasta la mismísima capital, Damasco, asediada por fuego de artillería.

Israel ganó la guerra y forzó al derrotado Egipto a reconocer su existencia. La entonces primera ministra Golda Meir se presentó a las elecciones de 1974 y las ganó con claridad. No obstante, la investigación en curso sobre los errores de inteligencia para evitar la guerra y la presión popular forzaron su dimisión y el final de su carrera política.

Cincuenta años después, y asediado desde hacía tiempo por protestas crecientes contra la deriva autoritaria de su Ejecutivo ultraderechista, el primer ministro israelí, Benjamin Netanyahu, se convertía en el máximo responsable político del fracaso israelí para prevenir la incursión palestina desde la asediada Gaza. «Bibi», como se conoce a este político rocoso y superviviente, era desde el 7-O y es hoy consciente de que la investigación prevista tras el final de la «guerra de Gaza» supondría probablemente su muerte política. Más aún, la correspondiente pérdida de su inmunidad acabaría con Netanyahu investigado y condenado por corrupción, entre rejas, como le ocurrió a su antecesor Ehud Olmert y a otros jefes de gobierno israelíes.

El primer ministro israelí optó por la guerra total contra Gaza, un genocidio de la población de la Franja ante los ojos del mundo. Y ha estado todos estos meses provocando a Irán en su propio territorio. En septiembre llevó la guerra a Líbano, logrando descabezar a Hizbullah. Y recrudece sus bombardeos en Yemen, en Siria... ¿El objetivo? Elevar la tensión al máximo para lograr el alineamiento sin reservas de Washington y de las principales y seguidistas cancillerías aliadas europeas.

Una patada hacia adelante.

EL GENOCIDIO DE GAZA

Tras declarar el estado de guerra –la anterior vez que lo hizo fue precisamente en la del Yon Kippur–, Israel no tardó ni 24 horas en iniciar su venganza por el 7 de octubre de 2023. Y dio inicio a una campaña sin parangón de bombardeos.

Netanyahu se marcó dos objetivos irreconciliables. De un lado, hacer desaparecer a Hamas «de la faz de la tierra». De otro, lograr la liberación de los entonces 240 rehenes israelíes, la mayoría en manos de la organización islamista.

Tras una brutal andanada de ataques aéreos para «allanar el terreno», el Ejército israelí partió en dos la Franja y penetró el 27 de octubre en el norte por tres frentes. Comenzaba así la ofensiva terrestre. Un genocidio en toda regla.

Tras un mes de bombardeos indiscriminados contra los civiles, y presionado por los familiares de los rehenes, el Gobierno israelí accedió en noviembre a una tregua. Durante seis semanas, se intercambiaron 81 mujeres y menores israelíes por 240 jóvenes y prisioneras palestinas. Hamas dejó libres como gesto a otra veintena de trabajadores tailandeses y filipinos.

Fue un espejismo. Desde entonces, Israel ha rechazado vincular sucesivos intercambios a su compromiso para acabar con la agresión y ha asegurado que solo aceptaría pausas puntuales en la guerra para lograr recuperar a más rehenes.

Tras liberar a ocho con vida y recuperar los cadáveres de unos cuarenta de ellos, Israel cifraba en septiembre en un centenar la cifra de rehenes en manos de Hamas y otras organizaciones, entre un tercio y la mitad muertos durante el asalto de Hamas, en los bombardeos israelíes contra Gaza o en represalia por estos últimos.

Hamas incluye desde el principio en la lista de intercambiables a activistas palestinos condenados de por vida –entre ellos, el líder de las milicias de Al-Fatah, Marwan Barghouti–, lo que levanta chispas en Tel Aviv. Pero, sobre todo, exige una secuenciación de los intercambios que termine con el final de la agresión. Netanyahu se niega e incumple una de las principales reglas no escritas en todas las ofensivas israelíes. No dejar abandonado a su suerte a ninguno de sus ciudadanos, sean soldados o civiles.

Se ha metido en un bucle sin solución.

Desproporción de fuerzas

Israel cuenta para su ofensiva con 170.000 militares en activo y 300.000 reservistas llamados a filas y con el shock de la sociedad israelí tras su propio 11-S, lo que le permite perpetrar una reacción similar y tan temeraria como la de los EEUU de Bush en Afganistán e Irak tras los ataques a las Torres Gemelas y al Pentágono. Todo ello le lleva a arrogarse un falso e insultante supremacismo moral que se apoya en su superioridad militar. Es el quinto ejército más armado del mundo, apuntalado por el decisivo e incondicional apoyo militar y diplomático de Washington, la todavía primera potencia mundial.

Hamas cuenta con 30.000-35.000 milicianos imbuidos de una determinación que no conoce límites, como evidenciaron los crímenes de guerra que perpetraron durante el asalto al matar a bocajarro a cientos de jóvenes que asistían al concierto de música Supernova y a mujeres y menores en los kibutz cercanos a la frontera. Brutalidad que justifica por la condición, evidente, del palestino como pueblo ocupado.

La organización islamista cuenta a su vez con la fuerza y la relativización de la vida humana terrenal que le da el rigorismo de su fe islámica. Un rigorismo que, en todo caso, no se puede confundir, como pretende Israel, con el yihadismo de grupos como el Estado Islámico o Al Qaeda y que se atempera con un pragmatismo y una inteligencia política acreditada por Hamas a lo largo de su historia.

Qué es y era Hamas

Hamas, acrónimo árabe de Harakat al-Muqawama al-Islamiya (Movimiento de Resistencia Islámica), conjuga islamismo con nacionalismo palestino. Su objetivo, luchar contra la ocupación y el colonialismo de Israel e instaurar una Palestina libre pero regida por la Sharia (ley islámica).

Hamas nació el 9 de diciembre de 1987 en una reunión presidida por quien sería su líder, el jeque Ahmed Yasin, en el campamento de refugiados de Shati, norte de Gaza. Los reunidos analizaban la situación después de que la víspera un blindado israelí hubiera atropellado y matado a cuatro palestinos que regresaban de trabajar de Israel.

La indignación popular se convirtió en una revuelta espontánea y masiva contra la ocupación y dio inicio a la primera Intifada (significa agitar, transgredir), que resistiría cuatro años y pasaría a la historia como la Intifada de las Piedras.

Desde el exilio de Túnez, el histórico líder palestino y presidente del movimiento Fatah (Movimiento de Liberación Nacional Palestino) urgió a la OLP (Organización para la Liberación de Palestina, bajo su control) a intentar asumir el liderazgo de los jóvenes que respondían con piedras, palos y cócteles molotov a los tanques israelíes en Gaza, Cisjordania y Jerusalén Oriental.

Paralelamente, los reunidos en Shati lanzaban un comunicado en el que reivindicaban que «el islam es la solución» y criticaban a la OLP y a Fatah por fracasar en la lucha contra la ocupación.

Hamas no nació de la nada. Y no fue un engendro creado por Israel, como insiste el conspiracionismo.

Para conocer sus orígenes hay que remontarse a la cofradía de los Hermanos Musulmanes (HM), fundada por Hasan al-Bana en 1928 en Egipto, un movimiento reformista cuyo objetivo era y sigue siendo la creación de una sociedad islámica que conjugue el progreso científico occidental con la fidelidad a las llamadas virtudes musulmanas.

Hablamos de un movimiento piadoso pero no precisamente de izquierdas. Al contrario, propugna un modelo de sociedad no marcado por la lucha de clases sino por el zoco (mercado), el asistencialismo social y una visión mítico-nostálgica del islam.

Pese a su carácter supranacional, y quizás por ello, los HM, cuyo escenario central era y sigue siendo Egipto, no tardaron en dirigir su atención a Palestina en plena ofensiva demográfica y militar sionista aprovechando la deriva del mandato británico, atrapado entre su obligación de pilotar el proceso hacia la independencia de Palestina y su compromiso con el sionismo para permitir la creación de una patria judía en aquellas mismas tierras.

El acaparamiento de estas por la creciente inmigración judía, que huía del antisemitismo europeo, y la incapacidad del liderazgo político y religioso palestino para frenarlo generaron revueltas populares palestinas.

Una de ellas fue liderada por Ezzedin al-Qassam, un predicador que huyó a Haifa, en el actual norte de Israel, tras protagonizar un levantamiento contra los franceses en Lataquia (oeste de Siria).

Luchador contra el sionismo y el colonialismo europeo y defensor de la yihad (literalmente esfuerzo, pero que en occidente se interpreta de forma parcial como guerra santa) y del purismo religioso, su insurrección armada, en la que lideró en 1935 a campesinos devotos, duró solo un mes hasta que fue abatido, pero fue el germen del estallido al año siguiente de la Revuelta Árabe.

Hamas reivindicaría su lucha y martirio poniendo su nombre a las brigadas armadas de la organización.

Para entonces los Hermanos Musulmanes ya habían articulado una rama local en Palestina y crearon un brazo militar, la Sección Especial, que participó en el levantamiento, sofocado en 1939 y que dejó exhaustos a los palestinos y a merced de los planes sionistas.

Tras la creación del Estado de Israel los HM palestinos se refugiaron en la islamización y el auxilio social en Jerusalén y Cisjordania, pero mantuvieron campos de entrenamiento militar en Gaza, a donde huyeron 200.000 refugiados (tenía entonces 80.000 habitantes). Por uno de esos campos de instrucción pasó, paradójicamente, un entonces joven Arafat.

Complicidad o tacticismo

La llegada al poder en Egipto en 1956 del militar panarabista y laico Gamal Abdel Naser, quien devolvió la esperanza a los pueblos árabes y no dudó en reprimir duramente a la cofradía islámica, obligó a su sucursal palestina a pasar a la clandestinidad y centrarse en la labor asistencial y la islamización desde las mezquitas.

A ello contribuyó el auge del nacionalismo palestino anticolonial de Fatah y Arafat, que cobró impulso tras la derrota de Egipto a manos de Israel en la Guerra de los Seis Días de 1967. Fatah y frentes palestinos de izquierda protagonizaron, con las armas, la lucha contra Israel. Contaban para ello con el apoyo de la URSS.

El islamismo político palestino vivió una travesía del desierto hasta finales de los setenta, cuando comenzó a recibir ayuda financiera de la diáspora y de las satrapías petroleras del Golfo (Arabia Saudí, Emiratos...).

El jeque Yasín pidió, y consiguió, que Israel le dejara crear en Gaza la Asociación Islámica. Ello, junto con el acuerdo tácito entre el islamismo palestino e Israel por el que este les dejaba hacer, ha sido interpretado por algunos como una suerte de alianza estratégica. Cuando era puro tacticismo. Por parte de Israel, que buscaba así debilitar a la corriente mayoritaria palestina (Fatah y sus aliados). Y por parte de los islamistas, que ganaban tiempo para tejer sus redes.

La situación varió cuando la OLP, viendo agotada su vía insurreccional armada y atisbando la crisis de su aliado soviético, comenzó a interiorizar la necesidad, y la presión occidental, por llegar a un acuerdo en torno a la solución de los dos Estados que pasaba por el reconocimiento de Israel.

En paralelo, y animada por la revolución islámica de Irán, surgieron escisiones de los HM que, desde el islamismo, promulgaban la yihad contra Israel. El más significativo fue la Yihad Islámica.

El jeque Yasín, tetrapléjico desde que sufriera un accidente de niño, y los suyos debían moverse y el sempiterno debate en el seno de la Hermandad entre los piadosos quietistas y lo defensores de luchar con las armas se zanjó a favor de estos últimos. La Intifada de las Piedras fue su puesta de largo. Yasín pagaría esa decisión con su vida en 2004 cuando un helicóptero le lanzó un misil mientras salía de una mezquita de Gaza.

Pero, más allá de mártires y paraísos, esa pulsión entre pragmatismo contemporizador en lo político pero rigorismo islámico y radicalismo armado antiocupación atraviesa al islamismo árabe, y palestino, desde sus inicios.

Pragmatismo militante

En su Carta Fundacional de 1988, la organización islamista insistía en destruir a Israel y reivindicar toda la Palestina histórica, regida además por la Sharia, la ley islámica. Pero en su Declaración de 2017, moduló su posición y mostraba su disposición a asumir un Estado palestino con las fronteras de 1967.

Ya en abril de este mismo año 2024 fue más allá y, en plenas negociaciones para tratar de impedir el asalto israelí a Rafah, el movimiento islamista se comprometía a reconocer la solución de los dos Estados a cambio de un alto el fuego de cinco años.

Finalmente, Hamas cuenta con el apoyo económico de Qatar y el aval político de Turquía, ambos aliados de EEUU, y el sostén militar de Irán, enemigo histórico de Washington, a través de los libaneses de Hizbullah y su suministro y asesoramiento en la fabricación de cohetes para atacar a Israel.

Un nivel de destrucción «bíblico»

Con esa correlación de fuerzas, Israel lanza una ofensiva de una brutalidad sin precedentes que supera todos los límites de los usos de la guerra. En casi un año, ha provocado un nivel de destrucción en la Franja que no tiene comparación desde la II Guerra Mundial, hace ochenta años. No en vano se trata de una de las campañas de castigo de civiles más criminales de las que hay registros históricos.

El Ejército israelí ha matado a decenas y decenas de miles de gazatíes (42.500, al llevar esta obra a la imprenta), la mayoría, un 71 %, mujeres y menores. Supera los 100.000 la lista de heridos. 21.000 menores están desaparecidos, 17.000 de ellos vagando huérfanos por la Franja, convertida, según Save The Children, en un «cementerio infantil».

Miles y miles de palestinos han sido detenidos en todos estos meses. 10.000 en Cisjordania y otros tantos –no hay cifras oficiales– en Gaza. Otras fuentes elevan a más de 200 los muertos por torturas o desasistencia sanitaria, la mayoría en la cárcel de Sde Teiman, el Guantánamo israelí. Uno de ellos fue el dirigente de Hamas en Cisjordania, Mohamed Abu Ara, que fue nuevamente encarcelado por Israel tras el 7-O pese a su delicadísimo estado de salud. Hamas acusó a Israel de «negligencia médica deliberada».

Convertir Cisjordania en Gaza

Tampoco se puede olvidar al cerca del millar de palestinos muertos en la mayor ofensiva israelí contra la Cisjordania ocupada desde la Segunda Intifada en 2005.

El norte de Cisjordania es el más castigado, concretamente Tulkarem, Tubas y Yenin con su campo de refugiados, señalados por Israel como los bastiones de Hamas y de la Yihad Islámica fuera de Gaza. Varios comandantes de ambas organizaciones islamistas han muerto en medio de los centenares de civiles masacrados.

Y es que, como resumía la periodista del diario progresista israelí *Haaretz* Noa Landau, el objetivo de Netanyahu es «transformar Cisjordania en Gaza, y Gaza en Cisjordania». En el primer caso, aplicando las técnicas de combate urbano que aplica en la Franja desde hace un año.

Cisjordania se ha convertido en la pagana de la venganza de los soldados y colonos israelíes, que perpetran periódicamente pogromos contra las aldeas palestinas (el término *pogrom*, devastación, es ruso y define un linchamiento publico acompañado de asaltos a casas y bienes). Un millar de familias palestinas han sido expulsadas de sus tierras alrededor de las colonias judías, que viven un período de expansión. Resulta paradójicamente dramático que judíos apliquen las mismas razias que sus antepasados sufrieron durante siglos en Europa.

Las imágenes de un jeep israelí llevando sobre su capó y amarrado a un palestino herido y utilizado como escudo humano ante la impotencia de dos ambulancias dieron la vuelta al mundo el pasado 23 de junio.

Catástrofe humanitaria

A todo ello hay que sumar que más de 10.000 personas, 4.000 de ellas menores, yacen enterradas bajo los cuarenta millones de toneladas de escombros, cuya retirada llevará 14 años una vez que acabe el «domicidio». Un juego de palabras que conjuga los términos latinos de *domus* (casa) y *cidio* (matar) perfectamente aplicable para Gaza, ya que, solo para el mes de mayo, el 72 % de las viviendas de la Franja habían sido totalmente o parcialmente destruidas. Estamos hablando de cientos de miles de casas, lo que ha dejado sin hogar a más de la mitad de la población de la Franja.

200 periodistas y trabajadores de medios han sido masacrados, muchos junto con sus familias. 220 trabajadores humanitarios han muerto bajo las bombas israelíes, mientras Israel no ha dudado en criminalizarlos acusando a toda la agencia de la ONU para los refugiados palestinos (UMWRA), en la que colaboran 12.000 personas y es vital para el sustento de Gaza, de ser «terroristas de Hamas», lo que provocó que algunos países aliados suspendieran sus ayudas a la agencia.

El Tsahal utiliza un sistema de inteligencia artificial (IA), bautizado macabra y acertadamente con el nombre de Lavander, que decide qué objetivos bombardear y que ha recibido instrucciones por las que puede matar a cien civiles por un solo y presunto cuadro de Hamas.

Las cifras son realmente espeluznantes. El Programa de la ONU para el Desarrollo (PNUD) alerta de que Gaza ha viajado hacia atrás en una infernal máquina del tiempo y ha vuelto a los años ochenta. Ha retrocedido la friolera de cuarenta años en el índice de desarrollo humano. Hospitales, escuelas, mezquitas, universidades, sedes de la Media Luna Roja y de la UNRWA (oficina de la ONU para los refugiados palestinos), campos de refugiados, zonas decretadas como seguras por el propio Israel. Todas ellas son objetivos militares diarios a demoler o a asaltar con la excusa, hasta ahora nunca probada, de que albergaban en sus sótanos a milicianos de Hamas o entradas de túneles de la organización.

El hambre como arma de guerra

Amnistía Internacional ha constatado que Israel ha bombardeado a niños que jugaban al futbolín en un campo de refugiados de Gaza. Ha tiroteado repetidas veces a las multitudes que se arremolinaban, hambrientas, en los camiones de reparto de ayuda humanitaria. Ha bloqueado o dificultado el cruce por los pasos fronterizos, tanto los que lindan con Israel como el de Rafah, con Egipto. El Alto Comisionado de las Naciones Unidas para los Derechos Humanos (ACNUDH), Volker Türk, no ha dudado en acusar a Israel de utilizar el hambre como arma de guerra.

En una Gaza con riesgo de hambruna total, la desnutrición de niñas y niños aumenta exponencialmente. Al menos 50.000 menores precisaban de tratamiento urgente por desnutrición aguda en junio. Para entonces la ONU había certificado que 34 de ellos habían muerto literalmente de hambre. Según testigos sobre el terreno podrían ser muchos más. Sin electricidad, sin agua ni medicamentos, el correspondiente riesgo de infecciones y de muerte por enfermedades no tratadas se ha disparado. La polio regresaba en agosto a la Franja y los 640.000 menores gazatíes necesitaban ser vacunados inmediatamente en plena guerra.

Un baile macabro de evacuaciones

Desde el comienzo de la operación, el Ejército ha instado a la población del norte de Gaza a dejar sus hogares y dirigirse hacia el sur mientras se filtraban planes de inteligencia israelíes para expulsar a toda la población de Gaza al desierto del Sinaí, en Egipto. Hay que recordar que más de la mitad de los 2,2 millones de gazatíes son refugiados descendientes de los que tuvieron que dejar sus casas en la Nakba de 1948.

Desde entonces, Israel ha perpetrado una política de evacuaciones de norte a sur y de sur a norte, esta última para el asalto final de Rafah. Un macabro baile forzoso con órdenes muchas veces contradictorias e imposibles de llevar a la práctica.

Zarandeados de un lado a otro por unos dados en los que siempre pierden, no pocos palestinos decidían no moverse más y esperar la muerte en sus casas en ruinas y no ir a buscarla en los campos de desplazados o en la carretera.

La evacuación masiva de la población de Rafah hacia el norte evidencia el fracaso, de momento, de los planes de la extrema derecha israelí aliada de Netanyahu para provocar una segunda expulsión. Los dos millones de palestinos desplazados de un lado a otro de la Franja insisten en que no se van de su tierra, a no ser que les saquen no a bombazos sino con bayonetas en la espalda. Aunque también es cierto es que tampoco el Egipto del mariscal golpista y presidente Abdelfattah al-Sisi ni la Jordania de la dinastía hachemí los quieren en sus territorios.

Genocidio televisado

La evidencia de que asistimos a un genocidio televisado quedó al principio solapada por el debate jurídico en torno a un término que tiene hasta 35 acepciones o definiciones distintas y genera controversia entre los expertos.

La controversia tiene desde sus orígenes una vertiente jurídica y otra política. Las potencias vencedoras en la II Guerra Mundial establecieron que el genocidio presupone la voluntad de exterminar totalmente a un grupo étnico, religioso o nacional. Así, no dudaron en 1945 en calificar y juzgar por primera vez como genocidio el Holocausto perpetrado por el régimen nazi contra los judíos. No obstante, fue dos años antes, en 1943, cuando se formuló el término genocidio (*geno*, pueblo o raza en griego; y *cidio*) para definir la persecución, masacres, deportaciones forzosas y el intento de exterminar la cultura del pueblo armenio por parte del imperio otomano y del movimiento de los jóvenes turcos en los estertores de la I Guerra Mundial. El Gran Crimen (1915-

1922), como lo denunciaron los armenios. EEUU ha tardado cien años en reconocer el genocidio armenio; Israel sigue sin hacerlo. Esclarecedor.

Pese a su vigencia desde que la ONU impulsó en 1948 la Convención sobre el Genocidio, las potencias y países acusados han utilizado desde el principio las dificultades jurídicas y el debate académico a la hora de definir el término para soslayar su responsabilidad. Una de ellas es la problemática para determinar judicialmente la voluntad genocida. Pero no es la única.

La URSS vetó en los debates iniciales la inclusión del exterminio de un grupo político como genocidio para evitar un posible procesamiento por los crímenes de Stalin.

Actualmente, Turquía sigue sin reconocer el genocidio armenio. Israel no duda en acusar de antisemitismo a los que le acusan de genocidio en Gaza.

El loable papel de Sudáfrica

Ha tenido que ser la Sudáfrica que acabó con el Apartheid la que, sensible a la suerte que sufren los palestinos –la misma que padeció la mayoría negra bajo la élite blanca– ha logrado agrietar ese laberinto político y tecno-judicial que protege a Israel. Pretoria llevó en enero de 2024 a Israel a la Corte Internacional de Justicia (CIJ) de la ONU en La Haya tras denunciarle por genocidio y pidió al alto tribunal que tomara medidas para impedir que siguiera haciéndolo. El Tribunal de La Haya se limitó entonces a exigir a Tel Aviv que tomara «todas las medidas a su alcance» sin entrar en el fondo del asunto ni reclamar un alto el fuego. Sudáfrica insistió y logró en mayo que la CIJ ordenara «inmediatamente» a Israel que detuviera la ofensiva sobre Rafah.

En julio, la misma CIJ declaraba ilegal la ocupación, la «anexión de facto» de Gaza y Cisjordania por parte de Israel y le instaba, en una resolución consultiva, a devolver las tierras a sus dueños y a permitir el regreso de todos los palestinos desplazados. Netanyahu replicó que «el pueblo judío no es ocupante en su propia tierra». Una reivindicación mítico-religiosa que presenta como una verdad histórica.

Mientras tanto, el fiscal de otra alta corte con sede también en La Haya, el Tribunal Penal Internacional (TPI), pidió a los jueces que lanzaran órdenes de detención contra Netanyahu, su ministro de Defensa, Yoaf Gallant, y los líderes de Hamas Yahya Sinwar, Mohamed Deif e Ismail Haniyeh (en septiembre retiró a estos dos últimos tras certificar su muerte). Todos por crímenes de guerra y contra la humanidad.

Con el apoyo de EEUU –que como China y Rusia no reconocen al TPI y a su Estatuto de Roma–, Israel ha desoído todas estas sentencias y prosigue con su ofensiva. Con su incapacidad para detener el genocidio, la justicia internacional abona la tesis del doble rasero que utiliza Occidente para con sus aliados o rivales. Un doble rasero que permite la consideración universal de genocidio en las matanzas de sospechosos de ser disidentes a cargo del régimen de los jemeres rojos (Pol Pot, 1975-1979) en Camboya o de los tutsis en Rwanda en 1994 (un millón de muertos en tres meses), pero que es desoído cuando los imputados son las potencias mundiales o sus aliados.

Consciente del apoyo crucial del que goza, Israel ha decidido que bien vale ser acusado –a día de hoy no condenado en firme– de perpetrar un genocidio para acabar con Hamas. O para expulsar definitivamente a los palestinos de las pocas tierras que les quedan.

Pero ni por esas. Estos no se van. ¿A dónde van a ir?

Reveses militares

El Ejército sionista insiste en que la mitad de sus víctimas mortales en Gaza son milicianos de Hamas y justificó el asalto final a Rafah el pasado mes de mayo porque albergaría a las ocho del total de 24 brigadas de su brazo armado, Ezzedin Al Qasam, que no habrían sido ya destruidas (para finales de agosto dio por desarticuladas todas menos una).

El ministro israelí de Defensa aseguró tras un año de ofensiva que «Hamas ya no existe como organización militar en Gaza» y que «solo puede llevar a cabo una guerra de guerrillas».

Dispersados, los milicianos de Hamas seguían emboscando a las tropas israelíes, que reconocen unas 350 bajas mortales y miles de heridos, y lanzaba, cierto es que cada vez más esporádicamente, cohetes a territorio israelí.

El 80 % del territorio de Gaza seguía siendo territorio de guerra y el Ejército israelí, que ocupaba solo un tercio de la Franja, se veía obligado a volver a zonas que aseguraba haber pacificado, cayendo en emboscadas de células aisladas.

La historia muestra que, en cualquier conflicto asimétrico, a la guerrilla le basta con no perder para ganar y un ejército convencional pierde aunque gane batallas mientras no consiga sus objetivos estratégicos.

En su discurso ante la ONU en septiembre, Netanyahu daba por desarticulados 23 de los 24 túneles de Hamas en Gaza, que comparaba con el metro de Nueva York. Dejaba uno en pie para curarse en salud.

Duro golpe a Hamas

Es evidente que Hamas ha sido duramente castigada. Además de los comandantes de las Brigadas Ezzedin al-Qassam Issa y Deif (este sin confirmar) y del ministro de Economía de Hamas, Abed al Zeriei, el Mossad y el Shin Bet (servicio secreto militar) mataban en agosto al que fuera primer ministro de Gaza y máximo líder de la organización, Ismail Haniyeh, con un misil de corto alcance en Teherán, a donde acudió para la toma de posesión del nuevo presidente iraní, Massoud Pezeskhian.

Lo mismo hicieron meses antes neutralizando al tercer mando de Hamas en el exterior, Saleh al Arouri, refugiado en el bastión de Hizbullah en el sur de Beirut. Ambos eran personajes claves en las negociaciones con Israel y su paradero era conocido. El riesgo de que sus muertes desaten una escalada regional es alto.

A mediados de octubre de 2024, Israel lograba descabezar a Hamas con la muerte de Yahya Sinwar, líder de la organización en la Gaza y desde el magnicidio de Haniyeh dirigente también en Cisjordania y en el exilio.

Con todo, es evidente que Sinwar, perseguido por tierra, subsuelo y aire desde hace un año al ser considerado el cerebro del 11-S, era un líder simbólico y que la resistencia era dirigida por el Consejo de la Shura de Hamas. Su hermano, Mohamed Sinwar (poco conocido), y Jaled Meshal, en Doha, sonaban como relevos.

A ello se suman las dificultades operativas para Israel. Tomar al asalto Gaza, con una densidad de población de 5.500 habitantes por kilómetro cuadrado, era no solo difícil sino una temeridad. Arrebatar al ISIS la capital de su califato en Irak, Mosul, menos poblada que Gaza, costó ocho meses y 10.000 bajas entre los sitiadores. Comparados con los 500 kilómetros de túneles de ochenta metros de profundidad que agujerean el subsuelo de la Franja, los que los yihadistas contrapusieron al asalto de las milicias kurdas a Raqqa, en Siria, pasarían por poco más que unas trincheras.

Mediado 2024, el Tsahal reconocía que necesitaría al menos otros siete meses para concluir su ofensiva, lo que la alargaría hasta bien entrado 2025. Más aún, su portavoz, Daniel Hagari, reconocía públicamente que, incluso dando por cierto que haya sido militarmente anulada, prometer que Hamas desaparecerá y «que no habrá terrorismo en Gaza es mentir... Hamas es una idea, es un partido, está arraigado en los corazones de la gente».

Si lo dice el vocero militar, sobran las palabras y sobra alargar ¿*sine die*? la ofensiva israelí. Porque ¿y después qué?

EXPANSIÓN DEL CONFLICTO EN LA REGIÓN

Israel extiende la guerra a Líbano

Tanto el brutal asalto de Hamas como la sanguinaria ofensiva israelí tienen desde el principio su vertiente internacional, comenzando por el riesgo, ya realidad, de extensión de la crisis al convulso Oriente Medio, la región más caliente del planeta, con permiso de las víctimas de otros conflictos.

Ya hemos recordado que la organización islamista palestina buscaba, entre otros objetivos, sabotear el acercamiento entre Arabia Saudí e Israel. También hemos reseñado que, pese a que el Ejército israelí alertó del riesgo de tener que enfrentarse a varios frentes a la vez, todo apunta a que

Netanyahu buscaba desde el principio una escalada de la tensión. Solo así se entienden las constantes provocaciones a Irán y los no menos constantes ataques contra la milicia chií libanesa (Hizbullah) en Líbano o contra objetivos proiraníes en Siria, en Yemen...

Mediado septiembre de 2024, Israel extendía la guerra al «País de los Cedros» (Líbano).

Provocando a Hizbullah

Hizbullah había medido desde el comienzo de la crisis sus ataques a Israel, lanzando cohetes periódicamente en solidaridad con los palestinos y para exigir el fin de la masacre de Gaza. Israel castigaba desde entonces sin descanso a las poblaciones situadas al sur del río Litani. 100.000 libaneses habían sido evacuados de la zona hasta el pasado mes de septiembre. 65.000 israelíes, habitantes del norte de Israel y ocupantes de los Altos del Golán, habían sufrido igual suerte.

Tel Aviv exige a la guerrilla que se retire de esa franja de tierra libanesa en cumplimiento de la resolución 1701 del Consejo de Seguridad de la ONU que puso fin a la segunda guerra del Líbano de 2006.

El alto el fuego auspiciado entonces por la ONU instaba a la organización político-militar libanesa a evacuar esta franja de «seguridad» de la que Israel se tuvo que retirar en el año 2000 y recordaba que los Acuerdos de Taif de 1989 obligaban a todas las milicias a desarmarse. Estos acuerdos, firmados en la ciudad saudí que les dio nombre, supusieron el final de la primera guerra del Líbano, una guerra civil que contó con la implicación militar directa de países vecinos como Israel y Siria, y exigían a estos abandonar el país (Siria lo hizo en 2005 por las exigencias de la revuelta popular de Los Cedros).

Hizbullah considera los puntos de los acuerdos que le conciernen superados por la realidad. Recuerda que Israel sigue ocupando, no ya Palestina sino incluso los Altos del

Golán. Aduce además que, lejos de desarmarse, Israel sigue siendo una amenaza real para Líbano, por lo que se niega a retirarse de la franja ribereña sur del río, que discurre treinta kilómetros al norte y en paralelo con la frontera israelo-libanesa, señalando que eso dejaría abandonadas a su suerte a las localidades chiíes que habitan allí desde hace cientos de años.

El «Partido de Dios»

Organización político-militar libanesa y «joya de la corona» de Irán, Hizbullah cuenta con 30.000 milicianos bregados en la guerra en Siria, decenas de miles en la reserva y 200.000 misiles y cohetes almacenados. Se da por cierto que dispone de misiles guiados que pueden alcanzar cualquier punto de Israel.

Hizbullah, el Partido de Dios, representa preferentemente a la población chií de Líbano. La cuestión de la división religiosa y confesional en el País de los Cedros es extremadamente sensible, lo que explica que no se haya realizado un censo oficial desde 1932.

Estudios recientes, controvertidos y contestados, estiman en un 54 % los libaneses musulmanes, repartidos casualmente a partes iguales entre chiíes y suníes (27 % cada uno). Los cristianos, mayormente maronitas (confesión oriental católica que reconoce, por tanto, la autoridad del papa y del Vaticano), constituyen un 40 %. El resto son drusos, una confesión sincrética que aúna creencias musulmanas, cristianas, zoroástricas (persas)...

El problema de censar la población tiene que ver con el origen de Líbano, creado por el Estado francés después de la I Guerra Mundial para dar continuidad territorial y preferencia a los cristianos de Levante frente a los árabes.

Los chiíes han sido históricamente discriminados por sus vecinos suníes y tuvieron que refugiarse desde que esa confesión musulmana llegó a la zona en el siglo X en la región de Yabal Amel, que incluye las dos orillas del río Litani y el valle de la Bekaa, entre otros territorios. Despreciados por los suníes y por los cristianos maronitas, los chiíes se convirtieron en cabezas de turco por parte de la administración ocupante otomana y tuvieron que practicar durante siglos la «taquiya» o disimulación para ocultar su religión.

Es imposible entender el Líbano actual y a Hizbullah sin tener en cuenta esa discriminación histórica del chiismo.

Conciencia política

Condenados a la miseria por los señores feudales, y abandonados a su suerte por los ulemas y su quietismo (resignación social y política en espera de la promesa en el más allá), muchos jóvenes chiíes abandonaron el campo en los años cincuenta y se hacinaron en las barriadas de Beirut, abrazando el comunismo o el socialismo arabista del Baaz (fuerte en Irak y en Siria).

Conscientes de su pérdida de credibilidad entre la comunidad chií, hubo ulemas que comenzaron a abandonar el quietismo, influidos asimismo por sus intercambios con clérigos iraníes en las ciudades santas de Qom (Irán) y Najaf (Irak).

Entre ellos destacó sin duda Musa Sadr, quien, en 1974, un año antes del inicio de la guerra civil libanesa y cinco antes de la Revolución iraní, creó el Movimiento de los Desheredados (Harajkat al-Mahrumin) y exigió al Estado libanés a reconocer plenamente a la comunidad chií.

Un año después, en 1975, y bajo sus auspicios, nacía la milicia chií Amal. Esperanza en árabe, Amal responde asimismo al acrónimo de Afvay al-moqavamat al-lobnaniya (Batallones de la resistencia libanesa).

Las primeras acciones de esta guerrilla consistían en ayudar al Ejército libanés contra las incursiones israelíes, pero pronto tomó autonomía propia.

La Revolución jomeinista iraní de 1979 dio un gran impulso al chiismo libanés, pero provocó asimismo su cisma.

Musa Sadr ya no estaba para evitarla, ya que meses antes, el 31 de agosto de 1978, fue desaparecido cuando descansaba en un hotel de Trípoli de su viaje a Libia y justo cuando iba a ser recibido por el coronel Muamar Gadafi.

Amal fue apadrinada por Siria para contrarrestar el apoyo de Irak a la OLP palestina, refugiada en Líbano y agente activo en la guerra.

Irán movía sus hilos para crear su propio satélite en Líbano.

La invasión israelí de Líbano en 1982 radicalizó al movimiento chií. Un sector proiraní, Amal Islami, fue expulsado y creó la facción Yihad al-Islami, germen de Hizbullah. Su bautismo de fuego fueron los atentados contra los cuarteles de los marines estadounidenses y del Ejército francés en Beirut en 1983.

Hizbullah y Amal se enfrentaron a tiros durante años por la primacía entre los chiíes hasta que Irán forzó una tregua en 1989.

Actualmente, comparten objetivos y políticas, aunque Hizbullah es un partido más fuerte que Amal, cuyo líder, Nabih Berri, mantiene pese a todo el protagonismo político de su formación como presidente del Parlamento libanés.

Contra la «mano derecha» de Nasrallah

Los ataques y provocaciones de Israel contra la primera fuerza política libanesa no hacían sino aumentar en intensidad y en la elección de los objetivos. Si en enero mató a Wissam al-Tawil, uno de los comandantes de más alto rango de Hizbullah, el pasado junio Israel insistió e hizo lo propio en otros tantos ataques con otros tres comandantes de la milicia chií. Era solo un preludio.

Para entonces, unos 200 combatientes y altos mandos de Hizbullah habían muerto en ataques israelíes desde octubre de 2023. Durante varios de sus funerales, el máximo líder de la organización, el jeque Hassan Nasrallah, se mostraba en contra de una «guerra total», pero instaba a Israel a que estuviera «preparado».

Netanyahu lo está, ansiosamente, además. Israel es consciente de que Líbano, sin gobierno estable desde hace años y hundido económicamente, es un Estado cada vez más fallido que no está para aventuras. Y Hizbullah lo sabe.

La que parecía el *sumum* de las provocaciones israelíes tuvo lugar horas antes del ataque contra Haniyeh en Teherán el 31 de julio, cuando cazas israelíes mataron en un bombardeo en Beirut a Fuad Shukr, fundador y comandante de mayor rango de Hizbullah.

Shukr, conocido como Sayyid Muhsan, era la mano derecha de Nasrallah, fundador de sus milicias, y estaba acusado por EEUU de ordenar en 1983 el atentado con camión bomba contra el cuartel de los marines en Beirut en plena guerra civil libanesa y que dejó un saldo de 243 muertos.

Israel justificó su «neutralización» al hacerle responsable del lanzamiento de un misil que cuatro días antes mataba a 12 niños drusos que jugaban a fútbol en la localidad de Majdal Sham, en los Altos del Golán sirio ocupados por Israel. Hizbullah negó su responsabilidad y aseguró que fueron los restos de un misil del sistema antimisiles israelí los que mataron a los menores.

Los drusos del Golán acusaron a Israel de ser el responsable, si no directo sí último, de que su comunidad, que practica una religión sincrética y nada ortodoxa entre el islam y el cristianismo, esté en medio del fuego cruzado.

El propio 11-S de Hizbullah

Pero ni los peores presagios podían anticipar que Hizbullah fuera a sufrir, mediado septiembre, la semana más aciaga desde su fundación.

Martes 17 de septiembre. Cientos de mensáfonos o buscas utilizados por la milicia para sus comunicaciones, hasta 5.000 según algunas fuentes, estallan simultáneamente provocando la muerte a veinte personas, entre ellas dos menores, y dejando un saldo de miles de heridos, cientos de ellos en estado crítico y muchos amputados, mutilados y sin ojos de por vida.

Como ocurre en las localidades meridionales de Líbano, en el valle de la Bekaa y el sur de Beirut, feudo del Partido de Dios, es un caos de ambulancias. Los hospitales de la capital están colapsados y vecinos suníes o cristianos aparcan sus diferencias políticas para donar sangre.

Menos de 24 horas después, decenas de walkie-talkies implosionan al mismo tiempo. Las explosiones, una de ellas mientras milicianos transportan los féretros de compañeros muertos el día anterior, son más potentes y mortíferas. Matan a medio centenar de personas y hieren a otro millar.

Alguien ha utilizado inocuos y antiguos instrumentos para la comunicación interna de una organización armada —que precisamente había optado por ellos para evitar el uso de móviles, susceptibles de ser intervenidos por sistemas como el israelí Pegasus— para asestar un duro golpe, físico, moral y operativo, a Hizbullah. Es su 11-S y los aviones comerciales utilizados por Al Qaeda para atacar al corazón de EEUU son esta vez artilugios de los ochenta-noventa.

La acción, que inmediatamente se atribuye al Mossad —Israel nunca las reivindica oficialmente—, y que seguro que inspirará películas y series, alimenta la teoría conspirativa tras el asalto de Hamas del 7-O. Si Hizbullah estaba infiltrado hasta ese punto no es posible que el mucho más débil Hamas no lo estuviera.

La conspirativa parte del principio de que no es posible que Israel cometiera tamaño error, como considera que fueron los propios EEUU los que autoorganizaron los ataques del 11-S. Teoría que parece ocultar, paradójicamente y en el subconsciente, una suerte de admiración por la atribuida infalibilidad de esos regímenes a los que, con razón, tanto odian muchos de los conspiranoicos.

Quizás la explicación sea bastante más peregrina. Hizbullah, y su padrino iraní, son el objetivo principal de los servicios secretos. Hamas, que había sufrido intentos similares, se había en cierta manera blindado con sus ejecuciones expeditivas, «aviso a navegantes» de colaboracionistas, dirigidas precisamente por su actual número uno, Sinwar. Además, su cadena de mando había optado por el más arcaico de los sistemas de comunicación: el boca a boca.

Lo que sí abona el ataque a las comunicaciones de Hizbullah es la hipótesis de que el objetivo de Israel era acompasarla al inicio de la invasión terrestre de Líbano para dificultar toda resistencia y que el miedo a que fuera descubierta forzó a adelantar las explosiones.

El liderazgo de Hizbullah, descabezado

No han pasado ni dos días desde semejante golpe de efecto cuando Israel lanza un bombardeo con cazas contra un edificio en el suburbio beirutí de Dahiye, bastión de Hizbullah, que diezma a la cúpula de las fuerzas de élite Radwan, incluido su máximo comandante.

Ibrahim Aquil, quien según Israel habría sustituido a Fuad Shukr como líder de la rama militar de Hizbullah, habría sido interceptado tras acudir a un hospital a ser tratado de las heridas que sufrió tras explotarle el busca. Su pista habría llevado a Israel a la reunión de la Fuerza Radwan. Otros 16 de sus mandos mueren junto a Aquil, entre ellos el también alto comandante Ahmed Wahbi.

Pero el golpe de gracia a la cúspide de la organización islamista está aún por llegar.

Tras matar en sendos ataques a los máximos responsables de la fuerza de misiles-cohetes y de los drones de Hizbullah, cazas israelíes lanzan el viernes 27 de septiembre varias bombas anti-búnquer de dos toneladas cada una contra media docena de edificios en Dahiye.

Asegura que ha alcanzado el cuartel general de la organización, en los sótanos de la edificación, y que el objetivo era el máximo líder de la organización, el jeque Nasrallah.

Netanyahu ha ordenado el ataque desde el teléfono de un despacho de la ONU en Nueva York, a donde ha acudido para lanzar una diatriba contra el mundo en su discurso ante la anual Asamblea General de la ONU.

Hizbullah reconocerá horas después la muerte de su jeque. Junto a él, según Teherán, ha caído otro general de la Guardia Revolucionaria iraní y, según Tel Aviv, una veintena de mandos y lugartenientes de Hizbullah, entre ellos el jefe militar del frente sur, comandante Ali Karaki.

La sensación de indefensión y la constatación de fallos en su seguridad interna es tal que Hizbullah ha cerrado sus feudos a la entrada de extranjeros. Hasta la Guardia Revolucionaria iraní se deshace de sus dispositivos electrónicos por pavor a que hayan sido intervenidos o manipulados.

Bombardeos y éxodo masivo

Hizbullah intenta sacar pecho y, por primera vez en la actual crisis, sus cohetes, drones y misiles Jaibar de fabricación iraní llegan a Haifa, urbe del norte de Israel, y a Cisjordania. Lanza asimismo por primera vez un misil balístico de largo alcance Qader 1 contra la sede del Mossad en la capital israelí, Tel Aviv. El misil, también de fabricación iraní, es interceptado antes de alcanzar su objetivo por el sistema israelí de defensa aérea «Cúpula de Hierro».

Quien no tiene defensa aérea y antimisiles frente a Israel es Líbano. En apenas tres semanas, los bombardeos israelíes se han saldado con más de 2.000 muertos y miles de heridos, el balance más sangriento desde el final de la guerra civil.

Los ataques han convertido enclaves en el sur de Líbano como Sidón, Nabatieh y Tiro en ciudades fantasma. 1,2 millones de libaneses, la sexta parte de la población, ha huido de las bombas hacia el norte del país. 300.000 libaneses y refugiados sirios, asilados en el País de los Cedros, huyen al país del que huyeron de la guerra y de la represión del régimen de Damasco, cuyos soldados les «esperan» en la frontera.

Israel replica la táctica tan masivamente utilizada en Gaza y exhorta a los ciudadanos del sur de Líbano, con octavillas, panfletos y avisos telefónicos, a evacuar sus casas y huir para no convertirse en «escudos humanos» de Hizbullah.

Invasión terrestre

Países como Francia, antigua metrópoli, y varios regímenes árabes suníes presentan, avalados formalmente por EEUU, un plan de tregua de tres semanas para evitar la apertura definitiva de otro frente terrestre en Oriente Medio.

Israel los rechaza e insiste en que su objetivo es forzar a Hizbullah a retirarse al norte del río Litani. La organización libanesa nunca ha aceptado acuerdo alguno antes de un alto el fuego. El Gobierno libanés asegurará días más tarde que Nasrallah lo hizo horas antes de morir bajo las bombas y que EEUU lo sabía. Washington desmiente ese extremo.

La Casa Blanca ya había sido informada por el Gobierno Netanyahu de una inminente incursión «limitada» para destruir la infraestructura militar de Hizbullah.

No es la primera vez que Israel anuncia ofensivas dimensionadas que acaban en una invasión total. Ocurrió en 1982, cuando invadió el sur de Irán para evitar las incursiones de los fedayines palestinos al norte de Israel. La imposibilidad de derrotarlos le llevó hasta Beirut, donde se vengó permitiendo que la falange maronita libanesa masacrara a los refugiados de Sabra y Shatila.

Las primeras incursiones de fuerzas especiales y patrullas de reconocimiento que cruzan la frontera sufren emboscadas mortales por parte de Hizbullah, que asegura que tiene fuerza para resistir y conoce como nadie el terreno. Como muestran sus diarios ataques con misiles contra Israel, su potencia aérea parece, si no intacta, aún sólida.

El Tsahal refuerza sus tropas en la frontera con Líbano con cuatro de las cinco divisiones enfrascadas en Gaza, reforzadas asimismo con dos brigadas de reservistas.

La guerra de 2006 y los siete frentes

Vuelve el fantasma de la guerra de 2006, cuando Israel invadió el sur de Líbano tras una incursión y toma de soldados como rehenes por Israel. Tras cerca de 2.000 libaneses muertos, el Tsahal tuvo que volver sobre sus pasos con un largo centenar de bajas mortales caídas en emboscadas. Hizbullah cantó entonces victoria.

En paralelo, Israel responde al lanzamiento de un misil lanzado por los huthíes yemeníes provocando una masacre en el puerto de Hodeida. Mata en un bombardeo en Trípoli al jefe del brazo armado de Hamas y en bombardeos en el centro mismo de Beirut al hombre de la organización islamista y a tres mandos del FPLP (izquierda palestina) en Líbano.

Ataca a objetivos proiraníes en Siria... mata, o intenta hacerlo, al hermano menor del presidente sirio Bashar al Assad. Maher es comandante de la Guardia Republicana, conocido por su brutalidad contra los prisioneros opositores y por su inmensa fortuna. Ningún dirigente o miliciano del eje de la resistencia está seguro. Ni siquiera los civiles de los países donde opera.

Gaza, Líbano, Cisjordania, Siria, Yemen, Irak, Irán... ¿Podrá Israel hacer frente a, valga la redundancia, siete frentes a la vez?

El dilema de Irán

No han sido menores, sobre todo teniendo en cuenta al destinatario, las provocaciones a Irán.

La primera gota que pudo haber colmado el vaso fue el ataque israelí el 1 de abril de este año al consulado iraní en la capital siria, Damasco, que mató a Mohamed Reza Zahedi, alto comandante de los Guardianes de la Revolución, cuerpo paramilitar que opera en los países vecinos, y a 12 funcionarios de la embajada.

El ataque no podía quedar sin respuesta so pena de que el régimen de los ayatollahs quedara en evidencia ante los suyos. Irán lanzó 300 drones y misiles contra Israel. Pero tardó dos semanas y lo hizo tras avisar 24 horas antes a Jordania, ergo a EEUU –y a Israel–, y le dio así tiempo para que, con la ayuda de los aliados, Gran Bretaña y Francia incluidas, su sistema antiaéreo Cúpula de Hierro interceptara casi todos.

Ello no restaba un ápice de simbolismo al primer ataque iraní sobre suelo israelí desde que ambos países están en guerra por delegación (1979, derrocamiento del Shah Reza Palevi en la revolución iraní).

Frenado posiblemente por EEUU, Israel replicó lanzando un ataque que tampoco causó daños contra Ispahan, ciudad del centro de Irán que alberga instalaciones nucleares. Tel Aviv lanzaba el mensaje de que los sitios atómicos iraníes son vulnerables. Irán se hizo el sueco.

La segunda gota –sería más exacto definirlas como duchas no de agua fría sino de sangre ardiente– fue el ataque que mató a Haniyeh en Teherán. El bombardeo dejó en evidencia la vulnerabilidad de la Guardia Revolucionaria iraní al ser incapaz de proteger en su propio suelo a un invitado oficial como el líder de Hamas y sacó los colores a Irán y a su insegura hospitalidad.

Irán prometió venganza «en tiempo y forma», pero esta se hacía esperar.

Desde el principio han sido los huthíes, milicia chií proiraní de Yemen, con sus sabotajes a la navegación por el estratégico mar Rojo y con el lanzamiento de cohetes y drones contra Israel, los principales protagonistas de la respuesta del llamado «eje de la resistencia» liderado por Irán, al genocidio en Gaza. Las milicias chiíes de Irak dejaron de atacar a las bases estadounidenses después de que un bombardeo matara a tres marines al inicio de esta última «guerra», lo que generará críticas en el seno del Gobierno de Bagdad.

¿Contención iraní?

Muchas son las hipótesis sobre esa contención de principio de Teherán. Hay quien destaca la debilidad del régimen, con una crisis política, económica y de legitimidad creciente, lo que le ha llevado a permitir la victoria en las presidenciales de un candidato reformista pero piadoso –y por tanto manejable por el régimen– como Pezeshkian.

No falta quien incide en la relativa debilidad del Ejército iraní, en comparación con el israelí, para dar una réplica que podría llevar a una guerra abierta. Su única fuerza de disuasión son sus 2.500-3.000 misiles balísticos y su industria de drones, pero su eficacia a la hora de debilitar las defensas antiaéreas israelíes quedó en evidencia en el ataque de abril. Más aún, sus fuerzas aérea y naval no son rivales para el Tsahal y han quedado, como sus arsenales, obsoletas tras decenios de sanciones.

Otros análisis apuntan, finalmente, a que la moderación de Irán respondería a un cálculo estratégico. Los ayatollahs habrían decidido que lo mejor es que Israel se cueza en su propia salsa con su desproporcionada ofensiva, lo que le deja cada vez más en evidencia ante el mundo. Ante la opinión pública mundial, cabría matizar.

En esta línea, dos semanas después del magnicidio de Haniyeh, Teherán mandaba señales de que estaría dispuesto a renunciar o retrasar a una represalia militar contra Israel a cambio de un alto el fuego permanente en Gaza. Lo que, coincidiendo con la entronización de la vicepresidenta estadounidense, Kamala Harris, como relevo del senil Joe Biden para confrontar con Donald Trump por la Casa Blanca, refuerza la tesis de que Irán desea y prioriza una victoria demócrata en las presidenciales de noviembre. Y, que, *a sensu contrario*, es consciente de que Netanyahu buscar extender el conflicto para lograr que su favorito, Trump, vuelva a la Casa Blanca.

El propio y nuevo presidente iraní defendió en campaña la negociación para restaurar el acuerdo nuclear con EEUU por el que, a cambio del fin de las sanciones occidentales, Teherán se comprometía a congelar y dar transparencia a su programa atómico. El candidato de los republicanos fue quien, durante su presidencia, dio por finiquitado el acuerdo, auspiciado por su antecesor, Barack Obama.

Mientras, expertos militares occidentales echaban más leña al fuego y lanzaban apuestas sobre un ataque dirigido a un alto dirigente israelí o un atentado contra comunidades judías en el mundo como el que en 1994 mató con un coche bomba a 85 personas en la Asociación Mutual Israelita Argentina (AMIA) en Buenos Aires. Los tribunales argentinos dictaminaron que la masacre fue ordenada por Irán y perpetrada por Hizbullah.

Un nuevo escenario

Pero en esas llegaba el magnicidio de su líder, el jeque Nasrallah, y el descabezamiento del liderazgo de la organización chií libanesa, junto con la concentración de tropas israelíes en la frontera.

Teherán, su patrocinador, se debatía entre aceptar el órdago de Israel, con el riesgo inherente a una guerra con uno de los mayores ejércitos del mundo –apoyado además por el primo estadounidense «de Zumosol»– y no hacer nada, evidenciando una debilidad que le puede traer costes de estabilidad interna –en la pugna entre principalistas conservadores y reformistas– y de prestigio en el eje de la resistencia que creó precisamente para fortalecer su imagen exterior.

Finalmente, dos meses después del magnicidio del líder de Hamas y días después del de Nasrallah, 200 misiles balísticos iraníes se abaten sobre el cielo israelí. No ha habido aviso con horas de antelación.

Es un salto cualitativo, pero Teherán da por finiquitada su respuesta a no ser que Israel siga con sus provocaciones.

Netanyahu promete una venganza sin precedentes y negocia con EEUU el alcance de su ataque, instalaciones nucleares o refinerías.

Apoyo ¿acomplejado? de Washington

Más allá de retóricas, la Casa Blanca sigue apoyando diplomática y militarmente –con 3.800 millones de dólares anuales en bombas y cazas– a Tel Aviv.

Es además inimaginable que Israel matara a Haniyeh y a Nasrallah sin la aquiescencia de Washington. Es más, ambos ataques fueron llevados a cabo coincidiendo con sendas visitas de Netanyahu a EEUU.

Estadounidenses son los cazas y las bombas de toneladas que machacaron Gaza y machacan Líbano.

El apoyo explícito de Biden a la operación militar israelí en Líbano y la advertencia a Irán de que no tolerará que se hostigue a su aliado pone negro sobre blanco la corresponsabilidad de Washington en el incendio de Oriente Medio.

Elecciones presidenciales

Todo ello pese a que la complicidad de EEUU a la masacre de Gaza provocó un creciente malestar en los sectores más a la izquierda del Partido Demócrata, entre la juventud estadounidense –que ha nacido y crecido conociendo los desmanes de Israel y no vive el apoyo al sionismo como una réplica al histórico antisemitismo– y en el seno de la comunidad arabo-musulmana.

Las primarias para la candidatura demócrata ante las elecciones del 5 de noviembre en estados claves como Ohio, Pennsylvania y Michigan dieron un voto de castigo al presidente Biden por su apoyo al genocidio de Gaza. La advertencia fue clara en este último estado, cuya ciudad más poblada,

Detroit, alberga la mayor minoría árabe de EEUU. Tanto en Michigan como en Minnesota, 800.000 votantes en las primarias eligieron la papeleta «no declarado» o en blanco, lo que supone que treinta de los 5.000 delegados demócratas no estaban obligados a votar al candidato oficial. En el marco de este desafío testimonial pero que preocupa al partido, las protestas llegaron de la mano del sector más progresista o de izquierdas a la convención demócrata de mediados de agosto, congreso que certificó el paso del testigo de Biden a su segunda, Harris, en Chicago, donde viven 15.000 refugiados palestinos.

No fueron las primeras. Las acampadas en los campos universitarios de EEUU, desde la costa oeste hasta la costa este, se convirtieron en la conciencia del mundo frente al genocidio. En un país donde viven 15 millones de judíos, que configuran uno de los lobbies más potentes en el país, pero que poco a poco, sobre todo entre los jóvenes, dan muestras crecientes de dudas y fisuras en su hasta ahora apoyo incondicional al Estado sionista.

Insignificancia de la UE

Las eventuales grietas en el apoyo estadounidense son lo que realmente preocuparía a Israel. La posición de la UE, diplomáticamente impotente e incapaz de consensuar una exigencia de alto el fuego definitivo, y donde las réplicas de las protestas universitarias en ciudades europeas duraron un suspiro, le importa poco, cuando no nada.

Israel mostraba una indignación hiperventilada al reconocimiento por parte de España, Irlanda, Noruega y Eslovenia del Estado palestino. Sin dudar de lo justo de la medida, la realidad posterior ha demostrado que no fue más que un gesto –Madrid sigue comprando armamento a Israel–. Y no solo porque ese hipotético Estado no tiene a día de hoy viabilidad territorial, política o económica alguna, sino por la ingenuidad que supone encargar la gestión de esa entidad política a una Autoridad Palestina (ANP) totalmente desprestigiada.

Parece tarea imposible implicar en la más tibia de las críticas a Israel a una UE totalmente dividida. Y más todavía al núcleo duro franco-alemán. Europa es incapaz también en esta materia de desasirse de EEUU, trabado entre la impotencia para enfrentarse a un Netanyahu cada vez más desafiante y su necesidad de mantener la alianza estratégica con su gendarme en una región en la que, como en el resto del mundo, va perdiendo pie en su pugna con China, cada vez más presente en Oriente Medio, como atestigua su reciente mediación para lograr el establecimiento de relaciones entre Arabia Saudí e Irán.

Los palestinos, solos

Respecto a Arabia Saudí, a pesar del drama de Gaza, se ha limitado a aparcar su acercamiento a Israel, como han hecho otros regímenes árabes. Un mundo árabe donde las movilizaciones de protesta han brillado prácticamente por su ausencia, si las comparamos con las registradas en Europa y sobre todo en los países musulmanes asiáticos.

La explicación hay que buscarla tanto en la apatía como en la represión de toda protesta por parte de los regímenes árabes. Es el ejemplo del reino de Jordania, con hasta un 80 % de población de origen palestino, o del Gobierno de Egipto, que no olvida que Hamas tiene su origen en la cofradía de los Hermanos Musulmanes, desalojados del poder legitimado por las urnas tras el golpe de estado militar en 2013 y al acecho desde entonces en las catacumbas de El Cairo.

Los palestinos vuelven a ser traicionados por los regímenes árabes y vuelven a quedarse solos ante la calle árabe que, además de no movilizarse por miedo a la represión, cae a veces en el prejuicio aporofóbico de verlos como eso, como unos pobres refugiados sin patria obligados a sobrevivir como sea.

Un pueblo palestino que está condenado a luchar, de forma absolutamente atemporal, en una guerra anticolonial en un mundo postcolonial. Como los saharauis.

ESCENARIOS A FUTURO SIN FUTURO

Tras un año de bombardeos e incursiones militares israelíes contra Gaza, hay que reconocer a Netanyahu que se ha cumplido uno de sus vaticinios, en su versión más cruel. El primer ministro aseguró tras la incursión de Hamas que Gaza «ya nunca será igual».

Basta con visionar las imágenes diarias desde la Franja para constatar que Gaza es hoy prácticamente un erial donde dos millones de personas sobreviven como pueden, la mitad sin hogar, lloran a sus muertos –casi un 3 % de la población– y velan en el lecho de muerte a los heridos en carne viva y sin siquiera calmantes para el dolor.

Hamas ha sido militarmente castigada de forma muy dura, pero sería mucho decir que políticamente esté cerca de «desaparecer de la faz de la tierra». Su popularidad se ha disparado en Cisjordania –por eso Israel trata de extirparla en sus feudos– y entre los refugiados palestinos en países árabes.

Los gazatíes, que antes del 7-O mostraban un creciente hastío por la gestión del movimiento rigorista, no tienen ni tiempo ni fuerzas para caer en la trampa que quería tenderles Israel: que hicieran responsable de su desgracia al Gobierno islamista y a su decisión de atacar a Israel.

Todo apunta a que el Estado sionista aspira a lo mismo en Líbano, hacer que los cristianos maronitas y los suníes culpen a Hizbullah de su suerte y volverlos contra la organización. Otra cosa es que lo consiga. Con los drusos no lo ha logrado.

De vuelta a Gaza, otra cosa es que no falten las pertinentes preguntas sobre el coste humano entre los palestinos del asalto del 7-O. Además de los muertos y heridos, Gaza es prácticamente inhabitable y tampoco parece que, pese a su experiencia en las represalias israelíes, Hamas hubiera preparado planes para prever semejante nivel de venganza y tamaño escenario.

También habrá quien se pregunte por la tardanza o falta de contundencia de sus aliados, Irán y Hizbullah, para salir en auxilio de una Gaza masacrada.

La supervivencia de «Bibi» Netanyahu depende de las formaciones de extrema derecha y ortodoxas que conforman la coalición con el Likud, formación del primer ministro, de derechas y sionista.

Itamar Ben Gvir, líder del partido colono de extrema derecha Poder Judío y ministro de Seguridad Nacional, y el inteligente y por tanto más peligroso ministro de Finanzas, Bezalel Smotrich, jefe de Sionismo Religioso, amenazaban con abandonarle a su suerte si cedía a las presiones internas e internacionales y accedía a un canje de rehenes por prisioneros a cambio de poner fecha a una retirada israelí de la Franja, como exigía Hamas.

Igualmente, advierten contra cualquier tipo de alto el fuego con Hizbullah.

Aprisionado por un bucle que él mismo anudó, Netanyahu busca ganar tiempo ante unos EEUU enfrascados en una campaña a las presidenciales que limitan aún más su ascendiente sobre el primer ministro israelí.

La complicidad de EEUU

No nos engañemos. Solo EEUU habría podido y puede acabar con semejante carnicería. Utilizando dos símiles aplicables a la seguridad en el tráfico, solo Washington puede obligar a Israel a que deje de conducir ebrio de ansia de venganza.

Solo Washington puede forzarle para que deje de hacerlo por el carril contrario. Porque la deriva israelí, que abordaremos más adelante, es innegable. El Pentágono podría haber comenzado simplemente con dejar de nutrir los arsenales militares israelíes con cazas y con miles de bombas BLU-117 de una tonelada, cuyo uso en zonas urbanas densamente pobladas como Gaza, y ahora Beirut, han causado una devastación total.

Poco, o nada, puede esperar el pueblo palestino de EEUU, incluso tras la retirada de la candidatura a la reelección por parte del demócrata Biden y su sustitución por Harris.

Y no solo porque ambos, y los republicanos y Trump, saben que sin el apoyo del lobby judío no pueden ganar unas presidenciales.

A priori geopolítico

El sostén a Israel por EEUU es un a priori geopolítico que va más allá de matices y partidos y que en su caso solo puede ser exacerbado si alguien como Trump, como evidenció su mandato entre 2016 y 2020, vuelve a la Casa Blanca. Es una cuestión de Estado, con mayúsculas.

A finales de agosto, EEUU trató de impulsar lo que presentaba como la última posibilidad de un alto el fuego y un nuevo intercambio de rehenes. Israel aseguraba sostener el plan, pero Hamas denunciaba que Washington había remozado la propuesta inicial presentada en julio en Doha, capital de Qatar, suprimiendo la exigencia de una retirada escalonada pero total de Gaza por parte de Israel y añadiendo la pretensión de este país de controlar el corredor de Filadelfia, única frontera de la Franja con un país árabe, Egipto, en Rafah.

A finales de septiembre, EEUU apadrinó la propuesta francesa para un alto el fuego entre Israel y Hizbullah. Igual resultado.

Lo que está claro es que todas las iniciativas del Gobierno demócrata estadounidense no buscan más que cierto respiro de cara a las reñidas elecciones presidenciales del 5 de noviembre. No un cambio de paradigma, en el que tampoco la nueva candidata demócrata Harris está hasta ahora ni se la espera.

Y si había alguna duda, Biden apoyaba sin ambages la «operación militar limitada» de Israel en Líbano y advertía a Irán contra un ataque masivo contra su gendarme –¿o habría que decir jefe de comisaría?– en la región.

Muestra de debilidad

Todo ello no es sino una muestra de la creciente debilidad de EEUU en la arena internacional. Obama intentó huir del embrollo de Oriente Medio para centrar la pugna contra China. Netanyahu no le dejó y paralelamente ganó autonomía estratégica.

Trump volvió como elefante en cacharrería (adiós al acuerdo nuclear con Irán, Acuerdos de Abraham...) animado por su nuero y sionista militante Jared Kushner. Biden no ha hecho sino seguir la estela de Trump y su legado tras renunciar a la reelección quedará manchado por el genocidio en Gaza y la sexta invasión de Líbano por Israel en su corta historia. Que insulte a Netanyahu en privado –o que en su día Obama le recibiera en la Casa Blanca con caras largas– no cambia lo esencial.

EEUU es el gran sostenedor, político y militar, de Israel.

Pero el Estado sionista ya no es su gendarme. Es quien dirige la estrategia estadounidense en Oriente Medio. Incluso contra sus propios intereses.

Son las paradojas de los imperios en declive. Les crecen los enanos, incluso los que consideraban aliados.

Estado profundo en Israel

Otra de tantas veces aireada posibilidad de impedir la huida hacia adelante de Netanyahu pasaría por la interposición del llamado Estado profundo israelí aprovechando la falta de avances militares y el malestar de parte de la población hacia el primer ministro, acentuado por su nula voluntad de pagar precio alguno por rescatar a los rehenes.

Con la expresión Estado profundo en Israel no nos referimos a la versión española de ese término, que hace referencia a las cloacas del Estado, desgraciadamente tan conocidas por estos lares. Intentamos describir con ello un magma que incluye al Ejército israelí, a la judicatura –que nunca ha dudado en encarcelar a políticos corruptos y cuya independencia respecto a los ejecutivos de turno está en el punto de mira del primer ministro desde que fuera investigado y procesado– y a la cultura política que tejieron formaciones históricas como el laborismo sionista israelí, en el poder durante medio siglo.

Con los laboristas convertidos en una fuerza residual en el Parlamento (Knesset), y cuyos portavoces mediáticos tienen bastante más eco en Occidente que en la sociedad israelí, hay quien ha querido ver en algunos gestos de mandos militares y de jueces un intento de frenar a Netanyahu.

El «pacifismo» del Ejército israelí

La salida del Gabinete de Guerra del centrista opositor y general Benny Gantz y del también general Gadi Eizenkot, presentado como favorable a los dos Estados, fue interpretada por los optimistas –e ingenuos– habituales como una muesca más en la pugna entre el Gobierno Netanyahu y el Ejército israelí. Lo cierto es que en todos estos meses esos «disidentes» han circunscrito sus críticas a cuestiones de táctica y estrategia a futuro, pero nunca han criticado el ensañamiento sin precedentes contra la ya castigada población de Gaza.

No pueden hacerlo cuando fue el propio Ejército israelí, concretamente el mismo y «pacifista» general Eizenkot, quien formuló en su día el principio de la respuesta desproporcionada. Esta estrategia fue bautizada con el nombre «doctrina Dahiya», en referencia al barrio de Beirut y feudo de Hizbullah que fue arrasado por los bombardeos israelíes en la guerra de Líbano de 2006.

Dejemos que sea el coronel en la reserva Gabi Siboni quien nos la presente, tal y como hizo en 2008, según recoge el experto Gilbert Achcar en *Le Monde Diplomatique*: Las Fuerzas Armadas israelíes «deberán actuar de inmediato, de manera decisiva y con una fuerza desproporcionada en relación con las acciones del enemigo y la amenaza que esto supone para infligir daños y un castigo de tal amplitud que exija largos y caros procesos de reconstrucción». Puro manual en Gaza, donde la proporción es de unos cincuenta palestinos muertos por cada muerto israelí, incluyendo las víctimas de 7-O. Más claro, agua.

Estado de shock ensimismado

Más allá de protestas puntuales y de la valiente pero también testimonial posición de la izquierda pacifista, la radiografía de la sociedad israelí desde el 7-O nos presenta a esta mayoritariamente en estado de shock.

Es una sociedad que en su mayoría no entiende, o no quiere entender, lo que le ha pasado. No está dispuesta a aceptar que unos palestinos, movidos por la sed de venganza o por la simple desesperanza, y animados por los enemigos de Israel, les paguen con la misma moneda. Todo esto, y la falta total de empatía, provocada por un lado por la fijación comprensible de los israelíes en el Holocausto y por otro por la censura de los medios de comunicación, los hace insensibles al drama de los gazatíes, a los palestinos en general.

Ni siquiera una cuestión tan sangrante como el destino trágico de los rehenes israelíes prisioneros en Gaza a falta de un acuerdo de alto el fuego parece forzar un giro en la sociedad israelí, más allá de la agonía que sufren sus familiares y amigos. El hallazgo en el intervalo de una semana de 12 cadáveres de rehenes entre agosto y septiembre, los seis últimos ejecutados de un tiro en la nuca según la versión ocupante –desmentida por Hamas– generó tal conmoción que cientos de miles de israelíes salieron a la calle a protestar, sobre todo en la cosmopolita capital, Tel Aviv.

Pero la huelga general convocada por la principal central sindical, Histadrut, por asociaciones empresariales y por el ayuntamiento de la ciudad fue un fracaso. Y, más preocupante todavía, la popularidad de Netanyahu se está recuperando hasta niveles anteriores al 7-O. Lo que podría presagiar que, aunque no ganara unas futuras elecciones, podría repetir gobierno con los ultrasionistas y ultraortodoxos.

Los israelíes consideran que la guerra son los cohetes que caen sobre lo que consideran sus territorios o los ataques suicidas palestinos. Para estos, la guerra es diaria y dura la friolera de 76 años, hora tras hora, de ocupación.

Afirmarse en la negación del otro

Nada mejor que parafrasear al filósofo Santiago Alba Rico para resumir ese ensimismamiento en su propio dolor, no en el ajeno, de la sociedad israelí, promovido por un Estado que, al invocar y enfatizar su derecho a la existencia, busca «hacer olvidar en qué se fundamenta esa existencia: en la negación de la del pueblo palestino».

Cualquier análisis sobre posibles desavenencias entre el Estado profundo y el Ejecutivo Netanyahu debe tener en cuenta tanto esa conmoción absorta en sí misma de la sociedad israelí como el hecho de que la negación del pueblo palestino y de su derecho a constituirse en un Estado –y aún menos que sea viable– forma parte del núcleo fundacional de Israel, más allá de gobiernos y de siglas.

Eso explica los límites y el fracaso de los Acuerdos de paz de Oslo de 1993, que no fueron más allá de conceder una autonomía para Cisjordania y Gaza y la creación de una Autoridad Nacional Palestina (ANP), postergando *sine die* las cuestiones del futuro estatus permanente: Jerusalén, refugiados, colonias judías, fronteras, seguridad... Unos acuerdos firmados por el histórico y desaparecido líder palestino Jaser Arafat y por el primer ministro israelí y laborista Isaac Rabin, cuyo magnicidio dos años después selló con sangre una escalada de derechización de Israel que persiste sin freno alguno.

El día después en Gaza

Son las dudas en torno al día después en Gaza las que han generado fricciones entre Netanyahu y la cúpula militar. El primero se negaba a mediados de año a concretarlo, presionado por sus aliados ultras, que insisten en reocupar y recolonizar la Franja. La segunda, consciente de sus reveses militares sobre el terreno y de la imposibilidad de controlar un territorio como Gaza a corto, medio o largo plazo, proponía desde el principio delegar esa responsabilidad en terceros.

Frente a la desnortada insistencia de EEUU y sus aliados europeos en que fuera la desprestigiada ANP la que se hiciera cargo inmediatamente de la Franja, todo apunta a que tanto el Ejército israelí como el Estado profundo en el que se inscribe habrían convencido a Netanyahu de que haga suya la propuesta de su predecesor y laborista Ehud Barak de instaurar un período de transición en el que Gaza, o por lo menos parte de ella, estaría bajo control de una fuerza militar árabe de «interposición» con candidatos como Emiratos Árabes Unidos, Marruecos y Egipto. Todos ellos, con relaciones con Israel y enemigos jurados del islam político en el que se inscribe Hamas. Otra cosa es que esos regímenes asumieran ese papel ante sus respectivas poblaciones.

No solo eso. Netanyahu se impuso a su propio ministro de Defensa y al Ejército para insistir en que no dejará el control del corredor de Filadelfia, que retomó en mayo de este año. Desde entonces, ha creado una zona tapón de dos kilómetros a lo largo de los 14 que forman el corredor derruyendo todas las casas del lado palestino. Aduce que es desde los túneles bajo esa franja de tierra desde donde llegaba el armamento a Hamas. De nada sirve que los militares le hayan asegurado que han destruido el 80 % de esos túneles y que le recuerden que siempre pueden volver a controlar el corredor cuando les plazca.

Presionado por los halcones en su Gobierno, el primer ministro insiste no solo en controlar el paso sino el llamado corredor de Netzarim, que recibe el nombre de una desmantelada colonia judía y parte en dos, de norte a sur, la Franja.

A principios de octubre de 2024, la brutalidad de los bombardeos israelíes contra el norte de Gaza y su orden de evacuación al sur de sus 400.000 habitantes reforzaban la hipótesis de que el Gobierno habría asumido el llamado «Plan de los Generales» (retirados) para hacer una limpieza étnica en el norte de la Franja trasladando forzosamente a sus habitantes y colonizando esas tierras, para solaz de sus aliados ultras Smotrich y Ben Gvir.

Parafraseando a la anteriormente mencionada periodista de *Haaretz*, en este caso se trata de convertir Gaza en Cisjordania, aplicando los métodos de control progresivo del territorio puestos en marcha desde la Guerra de los Seis Días de 1967.

El plan pasa por que los ejércitos de esos regímenes árabes acepten el encargo –ha habido ya tanteos–, y suplan en las labores de seguridad interna a la ANP. En caso de que no lo aceptaran, Netanyahu, Smotrich y Ben Gvir no tendrían excusas para reocupar y colonizar totalmente Gaza, reeditando la presión que soldados y colonos ejercen en Cisjordania para expulsar a los gazatíes. En esa línea, podría tratar de apuntalar su reocupación de la Franja intentando pactar con líderes tribales locales.

De Gaza a Yabal Amel (Líbano)

Mientras se intentaban perfilar esos planes, Israel trasladaba el foco de Gaza a Yabal Amel, sur de Líbano, donde se reproducían las imágenes y el drama de la Franja.

Tel Aviv abría un segundo frente (libanés) cuando no terminaba de cerrar el primero (palestino).

En ambos casos se trata de sendos y criminales encajes de bolillos, pero que se enmarcan en la deriva de Israel. Una deriva racista y neocolonial de la que el genocidio de Gaza –y su derivada libanesa– es por ahora el último ejemplo, pero que arrancó a finales de los noventa tras la llegada de Netanyahu al poder y su alianza con la ultraderecha, cuya creciente influencia tiene alcance mundial. Pero que en el caso de Israel se agudizó tras el 7-O y la respuesta israelí, y teñirá aún más la identidad israelí de desprecio hacia el pueblo palestino, y los pueblos árabes en general.

No es fácil predecir el futuro. Aceptemos incluso como hipótesis que Hamas quedara totalmente debilitada y enterrada en los túneles de Gaza, y que Qatar y Turquía –en este último caso muy poco probable– cedieran a las presiones de EEUU para retirar su apoyo a la organización y expulsar a su dirigencia en el exilio.

Y que ocurriera lo mismo con Hizbullah, descabezada y con graves problemas para articular a nivel comunicacional y operativo una respuesta, lo que parecía animar a Israel a intentar darle el golpe de gracia.

Los que insisten en que eso supondría el final de ambas organizaciones son tan miopes como Netanyahu. Y no solo a efectos militares. Ambas organizaciones han sido periódicamente descabezadas, pero no han tardado en recomponerse y sustituir sus liderazgos político-militares.

Son miopes en clave histórica. Hamas y Hizbullah están suficientemente imbricados en sus respectivas sociedades como para desaparecer por arte de ensalmo.

Hizbullah es heredera de la reivindicación histórica de la discriminada comunidad chií libanesa, que no desaparecerá, y se ha erigido, para parte del país y para el mundo árabe, en el único «ejército» que hizo morder el polvo al Tsahal.

Hamas nunca tuvo como objetivo gobernar Gaza y toda su acción política tiene como objetivo liderar la resistencia en todos los planos contra Israel, superando la división en facciones intrapalestinas.

La organización palestina podría volver a centrarse en el plano militar, manteniendo una estructura de células autónomas en Gaza y aprovechar su popularidad en Cisjordania para intentar reimplantarse en ese territorio ocupado.

La fuerza del odio

Pongamos que no lo consiguiera y que a la postre hubiera forzado con el 7-O su caída al vacío (véase Carmen López Alonso, *Hamas, de la marcha hacia el poder al vuelo del Ícaro*, editorial Catarata, versión actualizada). Asumamos incluso que Hizbullah fuera derrotada en un Líbano en ruinas.

No sería la primera vez que una victoria táctica israelí se convierte en derrota estratégica. Israel anuló a la histórica resistencia «laica» palestina y se encontró con Hamas. Invadió en 1982 Líbano expulsando a la OLP y alimentó a Hizbullah.

En cualquier caso, la resistencia sería sustituida por una fuerza que no conoce rival y que es capaz de que alguien, cientos, miles, se inmolen para vengarse por tamaño desprecio a los suyos: el odio. Un odio que tiene su origen en el odio de Israel, que a su vez trata de ocultarlo o justificarlo rememorando el odio de Europa y del nazismo a los judíos.

Un odio que no conoce de plazos, ni de dirigencias, incluso ni de siglas, y que puede esperar años, decenios, para tomarse cumplida venganza.

Un odio, además, que es siempre autodestructivo, para todos pero también para un país, como Israel. «Nadie puede exterminar a otro pueblo sin sucumbir a su propia violencia material y cognitiva», sentenciaba el historiador israelí Shlomo Sand, quien auguraba a su vez que «un Estado basado exclusivamente en la negación colonial del otro no es sostenible».

Es esa deriva suicida israelí la que, paradójicamente, y al provocar el creciente rechazo de las sociedades occidentales y la presión de sus gobiernos, podría condenar a largo plazo y re-entreabrir las puertas hacia una resolución del problema que no es palestino sino israelí. Que es, en definitiva, el que condiciona la evolución de Oriente Medio.

A por Irán

Si no lo sabe, Israel lo intuye. De ahí a que haya concluido que la única manera de sortear ese destino es acabar con el régimen iraní, lo que le permitiría arramblar con todos sus rivales como quien tumba un castillo de naipes. El problema es cómo hacerlo sin que Oriente Medio se hunda en una guerra total en la que nadie saldría indemne.

En espera de que Israel vuelva a atacar a Irán, todo está en el aire. Es cierto que no ha habido mayor riesgo de una guerra regional desde la del Yon Kippur.

Muchas veces, demasiadas, se ha pronosticado que Israel ha volteado el tablero de Oriente Medio. También se dice ahora que la región ha entrado en *terra ignota* (terreno desconocido).

Quizás unos y otros tengan razón. Pero, desde una visión estratégica y a largo plazo, parece que la dramática historia está congelada en Oriente Medio desde la creación de Israel en la primera mitad del siglo XX. Y que revive periódicamente, como esas series de *loops* o bucles de tiempo.

UCRANIA

Lyudmila Shevchenko, 83 años, nació, ha vivido y asegura que morirá en Liman, una localidad situada en el norte del oblast de Donetsk, provincia que junto con la de Lugansk forma parte del rusófono y disputado enclave del Donbass, en el este de Ucrania. Vive sola entre su pequeño y austero apartamento en un bloque de estilo soviético y el refugio antiaéreo donde escucha las sirenas que preceden a los bombardeos.

Escenario de combates tras la proclamación en 2014 de la rebelde República Popular de Donetsk, el Ejército ucraniano logró entonces controlar y hacer retroceder a las milicias prorrusas, al principio mal armadas y peor adiestradas.

Lo primero que hizo Kiev fue retirar el prefijo que en los años 20 los bolcheviques habían añadido al topónimo de la ciudad: Krasny Liman (Liman la Roja). Celebraban así la victoria del Ejército Rojo en la guerra civil, primero contra las tropas zaristas apoyadas por las potencias occidentales, y finalmente contra las guerrillas anarquistas lideradas por Néstor Majno.

La reciente rehabilitación de este líder guerrillero por todo el arco del nacionalismo ucraniano, desde la testimonial izquierda hasta la ultraderecha, incluye, como casi todas, la falsificación de su figura. Y es que Majno no luchaba por una nación sino por la dignidad del campesinado y el proletariado en Ucrania. Y sus tropas se nutrían indistintamente de judíos, griegos de Crimea, rusos y, por supuesto, ucranianos. Lo que le separaba de los bolcheviques, junto con los que luchó al comienzo de la guerra, era el autoritarismo dirigista de estos últimos.

No fue eso lo que le dijeron a Lyudmila los profesores en las clases de adoctrinamiento de marxismo-leninismo y que, en el capítulo de historia, presentaban a Majno como un «agente antisoviético del imperialismo».

Shevchenko no entiende la fijación de unos y otros con su pueblo, fundado en 1667 como regimiento cosaco, e importante nudo ferroviario. Liman se convirtió en objetivo desde el inicio de la invasión rusa el 24 de febrero de 2022.

Ella no sabe, ni quiere saber, nada de guerras y estrategias. Escucha a un vecino, tan mayor como ella y que comparte refugios antiaéreos, que su conquista abriría la ruta hacia Sloviansk y Kramatorsk, los últimos grandes centros urbanos de Donetsk en manos ucranianas.

Lyudmila vio a las columnas del Ejército ruso entrar en su ciudad el 27 de mayo de aquel año. Poco duraron: el 12 de octubre las tropas ucranianas pasaron delante de su casa precedidas por la huida en desbandada de los soldados rusos.

Nada nuevo en la trágica historia de su país, que ha visto pasar a polacos, zaristas, nazis, soviéticos, y ahora rusos.

Liman tenía más de 28.000 habitantes antes de la guerra. Ahora quedan unos escasos miles, la mayoría ancianos como ella. Su marido, nacido en Donetsk, trabajaba en las minas de sal de Soledar y murió joven, hace demasiados años. Sus hijos, Iulia e Igor, se fueron a Kiev hace tiempo y emigraron luego a Europa. Viven actualmente en Berlín y no la visitan desde que comenzó la guerra.

Lyudmila Shevchenko nació soviética y recuerda en su niñez el culto casi religioso a Josif Stalin, sucesor de Lenin al frente de la URSS. Su lengua materna es el ruso. En 1991 se convirtió en ucraniana tras el colapso de la URSS y la independencia de Ucrania. Jubilada con la llegada del nuevo milenio tras trabajar toda la vida en las oficinas del ferrocarril, aprendió ucraniano. No era tan distinto; dos variantes del mismo eslavo. Con motivo del censo de 2001, no supo qué responder cuando le preguntaron si formaba parte de la mayoría ucraniana o de la minoría rusa; o quizás no se atrevió a hacerlo. En realidad, todo eso nunca le importó demasiado.

A estas alturas le es igual si la bandera que ondea en el ayuntamiento de la ciudad luce los colores ucranianos azul y amarillo o es rusa tricolor, blanca, azul y roja. Le es indiferente. Solo quiere morir en Liman, la localidad que le vio nacer. Y que unos y otros la dejen en paz. De una vez.

UNA INVASIÓN ANUNCIADA, PERO INESPERADA

Ya había guerra

Nadie se lo esperaba, pese a que las señales eran inequívocas. El Ejército ruso había concentrado a finales de 2021 unos 130.000 soldados en Bielorrusia, al norte de Ucrania, y en la porosa frontera del este, escenario de la guerra del Donbass desde 2014, con la excusa de unas «maniobras militares».

Desde la primavera de aquel año, el mal preparado Ejército ucraniano, auxiliado por los batallones neonazis Azov y Donbass, trataba de sofocar a sangre y fuego una rebelión en la región mayoritariamente rusófona, recelosa por la ucranización del país. Esbozada tras la independencia de la antigua república soviética de Ucrania y ensayada por la fracasada «Revolución Naranja» de 2005 contra la influencia rusa, esta iniciativa para recuperar y prestigiar la lengua y cultura ucraniana fue elevada a rango de ley con la llamada Revolución de Maidan (Euromaidan), que derrocó en febrero de 2014 al último presidente prorruso, Viktor Yanukovich.

Las milicias de las provincias de Donetsk y Lugansk, que se presentaron inicialmente como federalistas y luego como nostálgicas de la URSS, y sus llamadas «repúblicas populares», no tardaron en revelarse como una réplica del giro derechista de la Rusia del presidente Vladimir Putin. Así, pronto tomaron el protagonismo brigadas de nacional-bolcheviques (nashbol, una síntesis de nazismo y estalinismo), neofascistas panrusos, euroasianistas supremacistas y monárquicos ortodoxos (véase Francisco Veiga, *Ucrania 22, la guerra programada*, Alianza Editorial). Ello no impidió que, tras varios éxitos militares, estas milicias retrocedieran ante el avance de los, como poco, expeditivos batallones neonazis ucranianos, que no dudaban en masacrar a la población civil a la que acusaban de «colaboracionismo con el enemigo ruso».

Rusia apoyaba desde el inicio la revuelta del Donbass con material militar y con cientos de «voluntarios» como el veterano del Ejército ruso y miembro del servicio secreto exterior FSB (heredero del KGB soviético) Igor Guirkin. Con su nombre de guerra de Igor Strelkov, su papel en la anexión de Crimea fue central, por lo que fue nombrado comandante del Donbass y ministro de Defensa de una de sus dos provincias, Donetsk.

Pese a que el Kremlin insistía en negarla, la implicación militar del Kremlin en la guerra del Donbass fue corroborada tras la sentencia de la justicia de Países Bajos, que dio por probado que fue un misil antimisil tierra aire Buk transportado desde Rusia el que derribó el 17 de julio de 2014 un Boeing 777 con 298 ocupantes que volaba sobre la zona en su trayecto desde Ámsterdam a Kuala Lumpur, en Indonesia.

Nadie sobrevivió y el comandante Strelkov fue condenado junto con otros mandos militares de Donetsk *in absentia*. Destituido tras semejante chapuza, el Ejército ruso tomó directamente el control de las operaciones y envió batallones tácticos especiales con carros de combate y artillería móvil para sostener la rebelión del Donbass.

Strelkov purga actualmente cárcel, pero en Rusia y por haber criticado la estrategia militar del Kremlin en Ucrania. La «Roma rusa», que remonta su origen histórico-mítico al imperio bizantino (La Roma de Oriente), y su nuevo tsar (*zar* proviene del latín *caesar*, *cesar*) tampoco pagan a traidores.

Nadie se esperaba la invasión, y eso que la guerra del Donbass estaba a punto de encarar el noveno año y los rebeldes, dirigidos por Rusia, no controlaban más de un tercio de la región.

El presidente francés, Emmanuel Macron, regresaba ufano a principios de febrero de 2022 de Moscú tras ser recibido por el jefe del Kremlin. Según el inquilino del Palacio de El Elíseo, Vladimir Putin le habría dado garantías de que no entraba en sus planes una escalada en Ucrania. Dos semanas después, los tanques y blindados rusos cruzaban la frontera ucraniana desde varios puntos.

Putin: aviso, alarma y ultimátum

Nadie lo vio venir. Y eso que el propio Putin ya había advertido o anunciado 15 años antes, en la Conferencia anual de Seguridad de Múnich, que defendería los «intereses nacionales rusos» por encima de la legalidad internacional. Aducía para ello que EEUU había hecho lo mismo al bombardear en 1999 la eslava Serbia en el contexto de la crisis de Kosovo.

Aquel febrero de 2007, el presidente ruso, hoy ya tan longevo en el poder como Stalin o el zar Ivan El Terrible (Grozni), arremetía contra el expansionismo estadounidense de la mano de la OTAN.

En esto último no le faltaba razón. En los ochenta, Washington prometió de palabra a Mijail Gorbachov, último secretario general del Partido Comunista de la Unión Soviética, que si aceptaba la anexión de la RDA por la Alemania Federal la OTAN no avanzaría ni un centímetro más hacia el este. *Gorbi* se lo creyó. Quien lideró la glásnost (apertura) y soñó con implantar un modelo socialdemócrata en la URSS para frenar su deriva autodestructiva se convirtió a la postre en su sepulturero.

Desde entonces, la Alianza Atlántica militar ha aceptado —o absorbido en su seno— a 14 países de Europa Central y Oriental, desde Polonia y las repúblicas bálticas hasta Hungría, Rumania y Bulgaria, sin olvidar a las antiguas repúblicas yugoslavas en los Balcanes, a excepción de Serbia y de Bosnia, que comparten estatus de asociados.

Justo es reconocer, asimismo, que han sido esos países, en no pocos casos atraídos por los cantos de sirena de Occidente pero sobre todo escaldados por decenios de intervencionismo e injerencia soviética (rusa), los que han pedido el ingreso (en el caso de los países bálticos por lo que ven como una cuestión de supervivencia ante el vecino y gigante ruso).

Firmeza hacia dentro, guiños hacia fuera

Nada más ser nombrado primer ministro ruso, en 1999, Putin interpretó la campaña de bombardeos aliados contra su «hermana» Serbia, sin aval del Consejo de Seguridad de la ONU y con la justificación de evitar una limpieza étnica contra los albaneses de Kosovo, como una afrenta. La primera. El que fuera espía soviético en Alemania Oriental estrenó su presidencia en el año 2000 venciendo a sangre y fuego a la irredenta Chechenia, histórico talón de Aquiles para Rusia en el Cáucaso. Ocho años después, en 2008, se anexionaría Abjasia y Osetia del Sur, en la misma región, en la Guerra de los Cinco Días contra la molesta Georgia, en la misma región.

Pero hay que reconocer que, más allá de «resolver» militarmente conflictos que Rusia considera domésticos, como los caucásicos, Putin trató en una primera etapa de proseguir con el acercamiento de Rusia a Occidente y entabló relaciones con la OTAN, accediendo a compartir un Consejo Bilateral con la alianza militar atlántica (véase Carlos Taibo, *Rusia frente a Ucrania*, editorial Catarata).

Ese acercamiento no impidió que Rusia fuera cayendo en el despeñadero de una gravísima crisis económica tras una suicida campaña de privatizaciones para acaparar las inmensas riquezas naturales del país más extenso del mundo, perpetrada por la oligarquía que surgió de las cenizas de la nomenklatura soviética.

Impulsada por Occidente y sus arietes financieros, el Banco Mundial y el FMI, esa campaña fue tolerada ingenuamente por una población que se creyó el discurso paradisiaco capitalista. La crisis acabaría en el desplome de 2008. Fue el duro despertar de un sueño.

Haciéndose eco de ese malestar y de la percepción popular de que el viraje de Rusia solo había supuesto la humillación para un país que fue imperio, el discurso de Putin en Múnich de 2007 fue un aviso.

Alarma y ultimátum

El Euromaidan de 2013-2014, que el Kremlin no dudó en presentar como un golpe de Estado atizado por EEUU y la UE, despertó la alarma. Rusia, que presionaba al Gobierno de Kiev liderado por Yanukovich para que aceptara integrar a Ucrania en su Unión Aduanera Euroasiática, logró que este diera marcha atrás en la firma de un Acuerdo de Asociación con la UE.

Jóvenes proeuropeos y ciudadanos hartos de la corrupción en el país iniciaban entonces la acampada en la plaza Maidan de Kiev. La represión de los Berkut (policía especial) y el creciente protagonismo de sectores ultras ucranianos en la protesta enconó las posiciones. Tras la muerte de 104 manifestantes, la mayoría por disparos de francotiradores, y

17 agentes, el presidente Yanukovich fue destituido y huyó a Rusia con su inmensa fortuna.

La primera decisión del Parlamento ucraniano (Rada), con el Partido de las Regiones de Yanukovich disuelto, fue derogar el estatus de lengua cooficial del ruso en las regiones rusófonas. Pese a que la ley fue retirada días después, las protestas a favor de la federalización del país ya habían estallado en el citado Donbass, en la ciudad de Odesa, donde 48 manifestantes fueron quemados vivos en la masacre perpetrada por neonazis ucranianos al incendiar la Casa de los Sindicatos, y en la Península de Crimea.

Tras el aviso en 2007 y encendidas las alarmas en 2014, Putin lanzó un ultimátum cuando terminaba el año 2021, a escasos meses del inicio de la invasión. Exigió a la OTAN la firma de tratados de no ampliación en los países exsoviéticos y que a partir de entonces pidiera permiso a Rusia para desplegar fuerzas militares en los países aliados del este europeo. Era una vuelta a la arquitectura de seguridad europea de los noventa.

Pero nadie se lo esperaba.

La profecía de EEUU

¿Nadie? Solo EEUU, que alertó durante semanas de que Rusia preparaba una operación a gran escala, basándose en informes de sus servicios de inteligencia. El Pentágono respondió al previo despliegue militar ruso en torno a Ucrania enviando más soldados a los países aliados vecinos.

Casi nadie se esperaba la invasión porque no quería ni pensar que la guerra pudiera volver a territorio europeo. Era un mecanismo de defensa: la negación de la amenaza como conjuro para evitar que se hiciera realidad. EEUU eran los únicos que la esperaban. ¿En qué sentido de la palabra? ¿En el de vaticinio o en el del deseo? ¿O en ambos?

Zbigniew Breezinski, quien había sido consejero de Seguridad Nacional del presidente Carter, anticipó en 1997 en su libro *El Gran Tablero Mundial* que una Ucrania en la OTAN debilitaría a Rusia y daría a Occidente el control de Eurasia, arrinconando a China. ¿Asistimos, 25 años después, a la desesperada reacción de Rusia frente a EEUU y a su profecía autocumplida?

EL DÍA Д[1]

El 24 de febrero de 2022, el Ejército ruso invade Ucrania desde varios puntos: desde la frontera bielorrusa y la norteña región de Chernobil –que dio nombre al complejo nuclear de infausto recuerdo– hacia la capital ucraniana; desde el istmo de Perekov al sur para reforzar y asegurar la ya controlada Crimea; desde la parte del Donbass en manos prorrusas y, finalmente, desde la frontera nororiental hacia Jarkov (Jarkiv, en ucraniano), segunda ciudad más poblada de Ucrania.

1. D, en alfabeto cirílico.

La decisión estaba tomada hacía tiempo y los recientes acontecimientos no habían hecho sino reforzar la determinación bélica de Putin. El Kremlin había visto con preocupación las revueltas contra el poder en su aliada y vecina Bielorrusia, de mayo de 2020 a marzo de 2021 –tras unas elecciones presidenciales denunciadas como fraudulentas–, y en la república centroasiática de Kazajistán en enero de 2022. Las veía como «revoluciones de colores» que amenazaban a Rusia. Tampoco le tranquilizó la derrota de su protegida Armenia a manos de Azerbaiyán meses antes (ver apéndice 2).

La decisión estaba tomada y EEUU tampoco vivía su mejor momento. Al asalto al Capitolio el 6 de enero de 2021 por una turba que no reconocía la derrota de Trump en las presidenciales le siguió en agosto de aquel año la retirada en estampida de los marines de Afganistán.

Solo faltaba elegir la fecha, y la secuencia.

El 20 de febrero de 2022 se cumplía el octavo aniversario del Euromaidan. El 22 de febrero Putin reconocía la independencia de Donetsk y Lugansk. Dos días después, de madrugada, lanzó la invasión, que presentó como «operación militar especial», justificada para proteger de un «genocidio» a las poblaciones del Donbass y de Crimea, para desmilitarizar y «desnazificar» a Ucrania y para «salvaguardar el futuro de Rusia» ante el expansionismo de la OTAN.

Columnas amenazantes hacia Kiev

Todas las miradas occidentales se centraron en las columnas que avanzaban desde el norte hacia Kiev. Pero el Ejército ucraniano había sido reforzado con el asesoramiento *in situ* de la OTAN y con misiles antiaéreos Stinger y anticarro Javelin, ambos estadounidenses. Ya no era la Armada imberbe de 2014 y tuvo tiempo para anegar puentes y nudos ferroviarios y dinamitar embalses para impedir el avance ruso.

Tampoco está claro que el objetivo de Moscú fuera tomar al asalto una capital de tres millones de habitantes. Todo, incluso los desembarcos de fuerzas aerotransportadas rusas en aeródromos cercanos a Kiev y las incursiones de sabotaje de los Spetsnaz –comandos especiales rusos–, apunta a que Moscú buscaba provocar el nerviosismo y forzar un golpe de Estado en Ucrania. El llamamiento del propio Putin a los mandos militares ucranianos para que se rebelaran contra el Gobierno abona esa hipótesis.

Fueran cuales fuesen los objetivos, el Ejército ruso quedó empantanado y se retiró en desbandada, abandonando columnas de tanques y vehículos militares, dejando a su paso cadáveres de civiles ucranianos y fosas comunes, como en la matanza de Bucha, en las afueras de la capital. También fracasó el asedio a la ciudad de Jarkov, aunque no faltan analistas que aseguran que fue un señuelo para atraer a las fuerzas ucranianas y desviarlas del principal objetivo ruso, el frente sur. Sea como fuere, el Ejército ruso renunció a conquistar tanto Kiev como Jarkiv (Jarkov en ucraniano), la capital de la Ucrania rusófona, que no necesariamente prorrusa.

Pero en tan solo dos semanas había conquistado 70.000 kilómetros cuadrados, el 11 % de la extensión de Ucrania. Con la conquista de Melitopol, en la región sureña de Zaporiya, y de la ciudad de Jerson, en el oblast (provincia) del mismo nombre, los rusos lograron abrir un corredor terrestre entre Crimea y los territorios del Donbass bajo su control.

Contando con estos últimos, la quinta parte (20 %) del territorio oficial de Ucrania estaba ya en manos del Kremlin. La toma de control por parte de Moscú de la central nuclear de Zaporiya, el mayor complejo de producción de energía atómica en Europa, fue todo un símbolo. La conquista de Mariupol, ciudad de la provincia de Donetsk que garantizaba el control del mar de Azov y que fue sitiada y bombardeada hasta su destrucción prácticamente total –como dos décadas antes la capital chechena, Grozny–, fue la macabra guinda.

Pero poco duró la alegría en casa de un ejército, el ruso, pobre en cuestiones logísticas y de suministro y aquejado de una paralizante rigidez en su cadena de mando. Unas debilidades que, como mínimo, ponían en duda su reivindicación como el segundo más potente del mundo tras el estadounidense.

Contraofensiva de Ucrania

En otoño de 2022, el Ejército ucraniano, animado por sus éxitos en torno a Kiev y Jarkov, e insuflado por más potente armamento occidental como los misiles estadounidenses Himar, lanzó una contraofensiva en los frentes sur y este. Esta vino precedida por sonados golpes de efecto como el hundimiento en abril del navío de guerra *Moscva*, la joya de la corona de la marina rusa. El buque insignia de la flota del mar Negro fue destruido por dos misiles ucranianos Neptuno guiados por información de satélites estadounidenses.

Fue el primero de una oleada de ataques que, en dos largos años de guerra, ha dejado fuera de juego a un tercio de la fuerza naval rusa en la estratégica costa que baña la ciudad puerto de Odesa. Ello obligó a parte de la flota superviviente a replegarse mar adentro dificultando tanto un desembarco como el apoyo naval a la ofensiva rusa. Otra parte ha sido direccionada a la costa de Abjasia. Y es que Rusia está construyendo una base naval permanente alternativa en el puerto de Ochamchiré.

La contraofensiva terrestre ucraniana se centró en los frentes de las regiones de Jarkov, Donbass y Jerson, forzando la retirada rusa de la capital de esta última, la más poblada de todas las ciudades conquistadas por Moscú. El repliegue a la otra orilla del río Dniéper, ordenado y sin bajas, fue dirigido por el general Serguei Surovikin, conocido como el «carnicero de Siria» por dirigir los bombardeos contra ciudades rebeldes en la guerra en el país árabe. Y de quien hablaremos más adelante.

Más caóticas fueron las retiradas rusas de los enclaves estratégicos de Izium y Kupiansk en la región de Jarkov y de Liman en Donetsk. Para cuando llegaron las primeras nieves que ralentizaron los combates, fuentes militares ucranianas y el prolijo Ministerio de Defensa británico aseguraron que en la contraofensiva Rusia se retiró de la mitad del territorio que había conquistado desde el inicio de la invasión, incluida casi toda la provincia de Jarkov y la mitad de la de Jerson.

Rusia refuerza sus defensas

El Kremlin respondió lanzando una campaña de bombardeos masivos contra las infraestructuras energéticas ucranianas. El invierno de 2022-2023 fue muy largo, frío y duro para los ucranianos. Pero lo peor estaba por llegar.

Rusia aprovechó el repliegue de Jerson para mover tropas hacia el Donbass y renovar la ofensiva para conquistar Bajmut, asediada desde mayo de 2022 y que, pese a su relativa importancia estratégica, daría nombre a una de las batallas más encarnizadas de la ya de por sí brutal guerra. Una guerra clásica con bombardeos, columnas de blindados y trincheras que parece una réplica, incluso en el escenario, de la II Guerra Mundial.

Las tropas rusas fueron reforzadas por la compañía de mercenarios Wagner, que con el permiso del Kremlin reclutaba a presos rusos condenados por graves delitos a largas penas ofreciéndoles la libertad a cambio de lanzarse a primera línea del frente. Los «músicos» —toman su nombre, Wagner, del compositor que Hitler convirtió en la banda sonora del nazismo— conquistaron Bajmut en mayo de 2023 con innumerables bajas, lo que agudizó las críticas a la cúpula militar y al Ministerio de Defensa ruso y estuvo en el origen de la rebelión de la compañía mercenaria (ver apéndice 1).

No fueron menores las bajas que la defensa numantina de Bajmut provocó en el Ejército ucraniano. Las grandes pérdidas, para más inri entre los soldados más experimentados en combate, presagiaron uno de los grandes déficits militares de Ucrania: sus dificultades, demográficas y políticas, para reclutar soldados de relevo. En un país con siete millones de refugiados y otros siete millones de desplazados, de un total 42 millones de habitantes.

Problemas estructurales

Hablamos de un tercio de la población de Rusia (140 millones), que no tuvo –tiene hoy– problemas para hacer una nueva leva de 200.000 efectivos. Y que, además de contar con refuerzos de batallones como los temidos «kadirovski» chechenos –a las órdenes del sátrapa prorruso Ramzan Kadirov–, tiene una reserva prácticamente inagotable de reclutamiento en las regiones más deprimidas de Rusia (Siberia, Cáucaso…). Al comienzo de la invasión, soldados yakutios, buriatos… se dedicaban a saquear las casas de las ciudades conquistadas enviando todo tipo de enseres y electrodomésticos requisados a sus pueblos por correo. Más recientemente, el Ejército les ofreció soldadas difíciles de rechazar y equivalentes a 1.500 euros mensuales. Un dineral para sus depauperadas familias.

Con todos estos refuerzos, el Ejército ruso tuvo tiempo para fortificar sus defensas ante la anunciada nueva contraofensiva ucraniana. Un contraataque que aspiraba a aprovechar los éxitos del año anterior pero que, previsto en primavera, se ve ralentizado, según denunciar el presidente ucraniano, Volodimir Zelenski, por reservas y la tardanza de sus aliados occidentales a entregarles armamento pesado (tanques, blindados…) y misiles de mayor alcance.

Es el otro gran problema estructural del Ejército ucraniano: su inferioridad respecto a los arsenales rusos y su dificultad para renovarlos, lo que le lleva a depender, o exigir, ayuda occidental en una dinámica sin fin y en la que las potencias aliadas acaban cediendo con la mirada de reojo –dirigida oportunamente por Putin– en la amenaza nuclear rusa.

Kiev logró finalmente en la primavera de 2023 arrancar a sus aliados los ansiados tanques alemanes Leopard (la gran mayoría, los menos modernos A-4) y los británicos Challenger-12, blindados franceses y estadounidenses, además de orugas antiminas para cruzar las líneas defensivas enemigas. Sin olvidar misiles de mayor alcance también estadounidenses y franco-británicos y cañones antiaéreos móviles alemanes.

Pero para entonces Rusia había levantado 800 kilómetros de fortificaciones, desde Lugansk y Donetsk en el este, siguiendo por Zaporiya y la orilla izquierda de Jerson, al sur, y, cerrando finalmente el acceso a la península de Crimea. A ello hay que sumar las tres líneas de defensa paralelas de 120 kilómetros y separadas cada una por 15 kilómetros, sembradas de trincheras, minas, fosos antitanque y dientes de dragón (conos de hormigón) en Zaporiya y Jerson; y el llamado «tren del zar», una línea de 2.100 vagones de carga de treinta kilómetros de largo desde el norte de Mariupol hasta el sur de la capital de Donetsk.

Es algo nunca visto desde la II Guerra Mundial y las legendarias líneas nazis Sigfrido y Gótica. Pero si estas no sirvieron para frenar las ofensivas aliadas hacia Alemania e Italia, la línea Surovikin, bautizada en honor al general que la diseñó, desbaratará la contraofensiva ucraniana.

El fiasco ucraniano

La ofensiva ucraniana arrancó a finales de junio de 2023. Su objetivo era la toma de Melitopol, en la costa del mar de Azov. Para ello lanzó sendos ataques en tijera desde Zaporiya y desde el frente de Donetsk.

La teoría militar asegura que quien ataca necesita una superioridad de tres a uno frente al defensor. Con la línea defensiva rusa, expertos elevaban a seis a uno la proporción necesaria para superarla.

Cinco semanas después, y tras perder tanques occidentales antes de que lanzaran un solo disparo, el Ejército ucraniano solo había avanzado unos cientos de kilómetros cuadrados (diez kilómetros en línea hacia el sur) y solo había recuperado la pequeña localidad de Robotine. Siguiendo en Zaporiya, Kiev rebajaba sus objetivos a la toma de la localidad del nudo logístico y ferroviario de Tokmak, al norte de Melitopol, y a la reconquista de Bajmut, en Donetsk. Pero hasta eso era ya demasiado ambicioso.

Los diez primeros tanques estadounidenses Abrams, de un total de 31 comprometidos, arribaron a suelo ucraniano en septiembre, después de ser oportunamente limpiados de sistemas operativos e información encriptada que pudiera caer en manos rusas, pero no llegaron a entrar en combate porque había que adiestrar a los soldados ucranianos, habituados a manejar viejos tanques soviéticos.

En noviembre de 2023, el comandante en jefe del Ejército ucraniano, general Valery Zaluzhni, dio por fracasada la contraofensiva al certificar que la guerra estaba en punto muerto y al reseñar que el Ejército ucraniano necesitaba reclutar a otro medio millón de soldados.

Su sinceridad y el bajón en la popularidad del presidente Zelenski le costó el cargo. Su sustituto, el general Oleksandr Sirski, un antiguo militar soviético que dirigió la exitosa defensa de la región de Kiev y la no menos alabada contraofensiva de 2022, pero que se empeñó en la a la postre desastrosa defensa a toda costa de Bajmut, se estrenó en 2024 ordenando la retirada de Avdiivka, en Donetsk, fortaleza levantada por ingenieros británicos desde donde la artillería ucraniana lanzaba ataques artilleros contra la capital provincial del mismo nombre.

Tarde. Los soldados ucranianos huyeron en desbandada, con cientos de heridos y prisioneros que arrojaron al suelo sus armas.

Dos años de guerra

Rusia celebraba el segundo aniversario del inicio de la invasión conquistando la bautizada como «ciudad del fuego eterno» por la intensidad de los bombardeos rusos. Justo en vísperas de las presidenciales en las que Putin volvería a arrasar. El Ejército ruso tenía a tiro Liman y se acercaba a los dos grandes enclaves de Donetsk todavía en manos de Kiev: Sloviansk y Kramatorsk.

La retirada de Avdiivka certifica el tercer problema estructural del Ejército ucraniano. Ya no era que afrontase una inferioridad de siete soldados rusos a uno ucraniano en muchos frentes ni que necesitase más tanques. Le faltaba munición y artillería pesada, al punto de que por diez proyectiles que lanzaba el Ejército ruso, el ucraniano replicaba a veces con un solo lanzamiento.

El esfuerzo de Kiev para relanzar la fabricación de proyectiles de 152 o 155 milímetros no fue suficiente. La promesa de la UE de suministrar un millón de balas de artillería a Ucrania llegó lentamente y con retraso, lo que evidenció la incapacidad de la industria europea, también la militar, para producir lo más básico –desde las mascarillas en la pandemia hasta simples proyectiles–, evidenciando su incapacidad para sostener largos esfuerzos militares.

Con la primavera de 2024, lluvias de misiles y de drones arrasaron con todo tipo de instalaciones energéticas a lo largo y ancho de Ucrania, sobre todo centrales térmicas. Los ucranianos sufrían cortes de luz de 14 horas al día.

EEUU ha prometido priorizar a Ucrania en el despliegue de sistemas misiles antimisiles Patriot para enfrentar los bombardeos rusos. Pero puede ser tarde para impedir que los ucranianos afronten nuevamente un crudísimo y helado invierno.

Todo ello con crecientes dificultades para resistir la ofensiva rusa, y problemas para reclutar soldados. Paradójicamente, Zelenski ha impuesto por ley el reclutamiento que había propuesto el cesado general Zaluzhni. Pero, meses después, solo ha conseguido reclutar a un tercio de los soldados necesarios.

Miles y miles de jóvenes ucranianos han huido o se han escondido tras la rebaja del límite de edad y de las exenciones para ser llevado al frente y, cuando no a una muerte segura, a resultar herido o a esperar durante años un relevo que no llega.

Ucrania lleva la guerra a Rusia

Incapaz de lanzar una contraofensiva en el frente, el Ejército ucraniano lo ha fiado todo a atacar la retaguardia rusa. Junto con Crimea, las regiones fronterizas rusas de Belgorod y Kursk, sin olvidar Briansk, se han convertido en el principal objetivo de unas incursiones que buscan golpes de efecto y a la vez obligar a Rusia a distraer tropas del frente.

Kiev insiste en que no puede defenderse si no tiene posibilidad de atacar a Rusia desde el territorio donde lanza sus misiles y despegan sus cazas para bombardear a Ucrania. Un argumento difícil de rebatir en pura lógica militar, más cuando es Rusia la que invade sus territorios. Pero una lógica que conlleva tremendos riesgos.

Rusia es una potencia nuclear y el Ejército ucraniano tiene que utilizar armamento occidental en estas incursiones. Putin ha alertado reiteradamente del «peligro» de dar ese paso y ha advertido que podría responder con la misma moneda atacando a territorio de los países que suministran armas a Kiev.

La estrategia ucraniana de llevar la guerra a territorio ruso, que busca a su vez recordar a su población que está en guerra y no a salvo de ella, ha ido *in crescendo*. Comenzó a principios de 2024 con ataques a ciudades, a bases de la retaguardia y a instalaciones petroleras situadas en territorio ruso al alcance de sus misiles, intercalados con el sobrevuelo de drones cargados de explosivos incluso sobre el cielo de Moscú. Le siguieron luego periódicas incursiones a la región de Belgorod a cargo de grupos paramilitares rusos contrarios al Kremlin (la Legión Libertad de Rusia, el Cuerpo de Voluntarios Rusos y el Batallón Siberiano). Pese a que Kiev nunca reivindicó oficialmente estas incursiones, el armamento y los medios de transporte utilizados, vehículos estadounidenses 4X4 Humvee y MaxxPro, no arrojan ninguna duda al respecto.

Mientras Rusia justificaba su ofensiva sobre la provincia de Jarkov con el objetivo de establecer una zona de amortiguación para asegurar la provincia rusa, una columna de blindados compuesta por un millar de soldados ucranianos con la cobertura aérea de misiles y drones cruzaba en agosto deeste año la frontera y avanzaba más de una decena de kilómetros al interior de la región de Kursk en la mayor incursión en territorio ruso desde el comienzo de la guerra. Kiev aseguraba tener bajo su control 1.200 kilómetros cuadrados y 92 poblaciones rusas. Había dinamitado los tres puentes sobre el río Seim, buscando aislar y sitiar a las fuerzas rusas y dificultar su transporte y logística militar.

Rusia, que envió tropas de refresco, incluidas brigadas chechenas y de la antigua compañía Wagner, evacuó a más de 120.000 personas y decretó el estado de emergencia en las tres regiones fronterizas con Ucrania.

Kursk tiene gran importancia estratégica al albergar, además de una central nuclear, la última estación de distribución de gas ruso a Europa a través de Ucrania. Que está situada, además, en medio del escenario de los combates.

Dimitri Medvedev, quien durante unos años sustituyó al frente del Kremlin a Putin mientras este ultimaba su regreso a la presidencia y es hoy vicepresidente del Consejo de Seguridad de la Federación Rusa, exigió iracundo como respuesta no solo invadir Jarkov sino toda Ucrania, incluida la capital, Kiev.

La última bala de Ucrania

Zelenski reivindicó el logro de dos de los objetivos de las incursiones; capturar a cientos de soldados rusos para intercambiarlos por los suyos y forjar una zona segura contra ataques rusos en la frontera dificultando las líneas de suministro del Ejército ruso. Este segundo objetivo estaba por ver, toda vez que Rusia seguía bombardeando con saña objetivos en el este-noreste de Ucrania.

Un tercer objetivo, el de distraer tropas rusas del frente de Donetsk, parecía fracasado. El Ejército ruso seguía con su rápido avance sobre la ciudad estratégica de Pokrovsk, en Donetsk –donde los ucranianos habían comenzado su evacuación después de perder varias aldeas cercanas–, y concentraba asimismo tropas en su ofensiva en la región de Jarkov, con la localidad de Vovchansk en el punto de mira.

El último objetivo, el de utilizar la ocupación de suelo ruso como un refuerzo de su posición de cara a las negociaciones, tampoco estaba claro. Los expertos dudan de que Rusia fuera a aceptar sentarse en una mesa en esas condiciones, tal y como ha advertido el Kremlin.

Zelenski y Putin juegan una partida de ajedrez en la que el primero arriesga una derrota en el frente ucraniano enviando a sus mejores tropas a Rusia y en la que el segundo se resiste a distraer sus tropas más experimentadas a Kursk, manteniendo para su defensa a reclutas recientemente incorporados.

Ucrania tiene prisa, más después de que Alemania haya congelado su ayuda militar tras confirmarse que fueron submarinistas contratados por Kiev los que dinamitaron el gasoducto submarino NorD Stream 2, en plena debacle de la coalición de gobierno socialdemócrata, verde y liberal en Berlín y a semanas de la no descartada victoria de Trump en las presidenciales estadounidenses.

Rusia juega con el tiempo, consciente de que, como sostienen los expertos, Ucrania tiene problemas para sostener militarmente estas incursiones. Y más aún a medida en que su avance le dejaría más expuesto y vulnerable al contrataque ruso. Se trataría posiblemente de uno de los penúltimos cartuchos de Ucrania para revertir la situación.

La contraofensiva rusa en Kursk, anunciada por Putin como una «tarea sagrada», parecía confirmar los temores de los analistas occidentales, pese a que Zelenski le quitaba hierro asegurando que estaba dentro de los planes que contemplaba Kiev y a que el Ejército ruso reconocía problemas para expulsar a los soldados ucranianos.

El solemne y sacro llamamiento del presidente ruso trataba de apelar a la memoria de los rusos. No en vano Kursk fue escenario de la mayor batalla de blindados de la II Guerra Mundial. El Ejército Rojo logró desbaratar la ofensiva nazi, el último intento de Hitler de recuperar la iniciativa en el frente oriental tras su derrota en Stalingrado (hoy Volgogrado). Lo hizo por su tenacidad y capacidad de combate y por la acumulación de frentes que supuso a Alemania el desembarco occidental en Sicilia.

Simbolismo y líneas rojas

Ucrania podía reivindicar un hito simbólico frente a una Rusia que no veía cómo tropas extranjeras invadían parte de su territorio, siquiera unos kilómetros, desde la II Guerra Mundial. Lograba asimismo recuperar la iniciativa perdida y asestar el tercer revés más importante para Putin desde el repliegue militar de 2022 y la rebelión de Wagner el año siguiente. El presidente ruso ha logrado superar los dos primeros y esperaba hacer lo mismo con la llegada de su guerra a su propio territorio.

Pero, más allá de simbolismos, la realidad es terca y, pese a que tras años de guerra y de constantes renovaciones de sus arsenales el Ejército ucraniano puede ser considerado el segundo más potente de Europa, poco tiene que hacer, más que ir desangrándose poco a poco, si no cuenta con creciente ayuda, cuantitativa y sobre todo cualitativa, de Occidente.

Así, asistíamos a finales de septiembre de 2004 a la enésima ofensiva diplomático-militar de Zelenski para lograr más y mejor armamento, y permiso para utilizarlo, por parte de EEUU.

Si en 2023 había logrado que los aliados levantaran el veto a suministrar a Ucrania tanques y blindados, recién iniciado 2024 EEUU le autorizaba a utilizar sus misiles balísticos ATACMS (pero capados con un alcance de 150 kilómetros) en territorio ruso siempre que fuera «en defensa propia» y Kiev recibía los primeros cazas F-16 para sustituir sus viejos y escasos Mig-29 soviéticos (ya ha caído alguno y no parecen ser decisivos ni fáciles de pilotar por la fuerza aérea ucraniana).

Toda petición y cesión es obsoleta una vez lograda, y el siguiente objetivo de Kiev pasa por lograr el permiso de EEUU, Gran Bretaña y Francia, para que le dejen lanzar sus misiles ATACMS, Storm Shadow y Scalp. Insiste en la necesidad de poder atacar bases aéreas rusas, arsenales y cuarteles al interior del territorio ruso.

Ucrania aduce que Rusia, que cuenta con su inagotable arsenal de misiles Iskander y Jinzal, estaría utilizando en sus bombardeos contra todo el territorio de Ucrania misiles norcoreanos Hwasong (400 kilómetros) e iraníes Fath 360.

Con motivo de su viaje a Nueva York para participar en la Asamblea General anual de Naciones Unidas, Zelenski presentaba a Biden, a Harris y a Trump un «Plan de Victoria» que incluiría ataques con misiles occidentales y con un alcance de hasta 600 kilómetros en territorio ruso. Más o menos la distancia que separa a Moscú de la frontera ucraniana.

Medvedev amenazó con que en ese caso Rusia convertiría Kiev en un inmenso socavón bajo sus bombas. El Kremlin advirtió de que eso «significaría que los países de la OTAN están en guerra con Rusia». Zelenski replicaba recordando que Moscú no ha hecho efectiva ninguna de sus amenazas tras el cruce de todo tipo de líneas rojas, como la incursión en su territorio con armamento occidental.

Horas antes de que el presidente ucraniano fuera recibido en la Casa Blanca, Putin anunciaba una modificación de la doctrina militar rusa que le permitiría responder con su ingente arsenal nuclear a un ataque aéreo convencional masivo por parte de un país sin arsenal atómico pero que cuente con apoyo de una potencia nuclear. No hacía falta que pusiera nombres.

Zelenski volvió a Kiev con 8.000 millones de dólares (bombas planeadoras JSW, misiles de 130 kilómetros de alcance y otro sistema antimisiles Patriot).

Del permiso para atacar a Rusia en profundidad, ni palabra.

APÉNDICE 1
EL DESAFÍO DE WAGNER

La lentitud del inicial avance militar ruso y el repliegue de su Ejército, forzado por la contraofensiva ucraniana de otoño de 2022, generó críticas cada vez más duras a sus altos mandos por parte de los halcones rusos, defensores de ocupar toda Ucrania y, si es necesario, arrasarla con ataques nucleares.

El Grupo Wagner, concretamente su jefe, Yevgueni Prigozhin, se convierte en portavoz de ese malestar. El «chef de

Putin», un mafioso que purgó diez años de cárcel y que tras salir de prisión pasó de vender perritos calientes a crear un emporio de restauración gracias a los contratos públicos del Kremlin, acusa a los mandos militares de abandonarlos a su suerte y reivindicar luego conquistas como la de Bajmut. Lo hace desde esta localidad de Donetsk a través de un vídeo junto a decenas de cadáveres de sus hombres muertos en batalla y amenaza con retirar a sus mercenarios del frente.

Movido por sus ambiciones político-militares, Prigozhin aprovecha el Día de la Victoria del 9 de mayo de 2023 para exigir la destitución del ministro de Defensa, Sergei Shoigun, y de los altos mandos militares, a quienes acusa de incompetencia y corrupción. Exhortado por el Kremlin a que integre a sus mercenarios en el Ejército ruso, el jefe de Wagner hará efectiva su amenaza y, tras retirar a sus mercenarios de Bajmut, los dirige a la ciudad rusa de Rostov del Don, que alberga al mando central invasor ruso.

En un nuevo vídeo, acusa a los servicios secretos (FSB) de engañar a su amigo e inquilino del Kremlin para que se embarcara en una aventura militar contra una Ucrania que, asegura, no era una amenaza real para Rusia. Al negar legitimidad a la invasión, Prigozhin ha cruzado una línea roja que sorprende incluso a sus apoyos entre los halcones y en sectores del Ejército ruso que simpatizan con Wagner.

Pero la apuesta está lanzada. Tras tomar el control de la ciudad a orillas del río Don, inicia el 23 de junio de 2023 una marcha con sus columnas militares que se detendrá a solo 200 kilómetros de Moscú. Lo hará después de que Putin le prometa impunidad y refugio en Bielorrusia, extremo que confirma su presidente, Aleksander Lukashenko. Y lo hará sobre todo después de que el general Surovikin comparezca en un vídeo en el que parece que estuviera detenido e insta a su amigo y jefe de Wagner a deponer su actitud. Surovikin será cesado, y tras meses en el ostracismo, enviado como delegado militar en Argelia. Un destierro en toda regla.

Sentencia de muerte

Peor suerte le espera a Prigozhin y a la plana mayor de Wagner, que ha sobrevalorado sus apoyos en Rusia. Justo dos meses después del desafío a Putin, el jet privado en el que volvían de África con destino a San Petersburgo se estrella a la altura de la región de Tver, al norte de Moscú. Junto a Prigozhin mueren carbonizados el número dos de Wagner, el neonazi Dimitry Utkin, y el responsable económico de sus operaciones en África, Valery Chekalov.

Pese a su descabezamiento, el Kremlin es consciente de que los contactos de la compañía mercenaria en países vasallos en el Sahel africano y en el mundo árabe (Siria, este de Libia...) son vitales y decide no disolverla, sino atarla en corto.

Putin ha salido reforzado tras mostrar que nadie que le desafíe, y menos tan temerariamente, sale vivo del intento. Tras arrasar en las presidenciales de marzo de este año —semanas antes, su único rival serio, Alexei Navalny, aparece muerto en una prisión-gulag en el Ártico—, el presidente ruso purga al Ministerio de Defensa ruso, paradójicamente una de las exigencias de la Wagner.

El jefe del Kremlin destituye a su amigo personal y ministro, Sergei Shoigu, y le da una patada hacia arriba, a la secretaría del Consejo de Seguridad. Y mete en una celda por corrupción al número dos del Ministerio, Timur Ivanov, al responsable de Recursos Humanos, general Yuri Kuznetsov, al jefe adjunto del Estado Mayor y general Vadim Shamarin y, de paso, al general Ivan Popov, quien, en julio de 2023, un mes después de la revuelta de Wagner, fue cesado en el mando de las tropas rusas en Zaporiya por criticar el alto número de bajas y los problemas de suministro que sufrían sus soldados en el frente.

Putin dosifica los tiempos para acabar con las voces críticas y con las criticadas. Evidencia así su inteligencia política, pero reconoce a la vez que tras el órdago de Prigozhin había bastante más que el mal cálculo de un hombre ávido de poder.

La invasión de Ucrania ha tensado muchas costuras y han asomado muchos de los viejos fantasmas rusos. Putin navega entre ellos y cabalga sobre las disputas entre unos y otros con el objetivo de eternizarse en el poder.

NEGOCIAR, PERO CUÁNDO Y DE QUÉ

Son tiempos vertiginosos y de política líquida, también en el ámbito internacional. Es por tanto difícil anticipar no ya lo que puede ocurrir en unos años sino incluso en los próximos meses, y hasta en semanas o días. No obstante, y a la vista de la evolución de la guerra en Ucrania, parece probable que esta, como casi todas, acabará en una mesa de negociación. La cuestión es cuándo. Porque la alternativa es una larga guerra de desgaste en la que Rusia tiene más capacidad de resistir, como ha quedado evidenciado este último año, pero en la que Ucrania puede lanzar golpes de efecto, como ha recordado con su reciente incursión en Kursk.

Pese a que los reveses en los primeros meses de invasión evidenciaron carencias estructurales en el Ejército ruso —alta dependencia de la tecnología occidental, corrupción en los altos mandos y escasa preparación de la mayoría de sus tropas—, colegir de ahí que era un gigante de barro fue un craso error en los análisis occidentales.

Al contrario, Rusia está ganando a nivel táctico. Ha mejorado la coordinación militar bajo un mando único. Al estar sometida a sanciones occidentales, ha activado una economía de guerra y ha reforzado su industria militar, con la que suple sus pérdidas de tanques y blindados y ha mejorado las prestaciones de su aviación. Conserva misiles en sus arsenales —a pesar de que la «inteligencia» británica lleva un año largo pronosticando prematuramente su agotamiento—, y ha mostrado capacidad para suplir sus grandes bajas entre los 470.000 soldados que tiene en el frente con nuevos reclutamientos. Por si todo esto fuera poco, cuenta con el suministro de drones por parte de Irán y de munición de artillería y misiles por Corea del Norte. Washington denuncia asimismo que China suministra material de uso dual (civil y militar) como componentes microelectrónicos y de máquina herramienta.

Occidente volvió a caer —parece que nunca aprenderá— en la recurrente tendencia a minusvalorar el potencial ruso. Una resiliencia probada no pocas veces a lo largo de la historia y que tiene hoy su base en una sociedad abotargada por la nostalgia de tiempos pasados, por la resignación y el temor a un mal mayor, también atávico, o por el miedo comprensible a desafiar a un poder cada vez más autoritario.

Animada por EEUU y la Gran Bretaña de Boris Johnson, Ucrania abandonó un primer intento negociador semanas después del inicio de la invasión con la mediación de Turquía. Kiev debatía ya su disposición a aceptar un estatus de neutralidad permanente renunciando a su aspiración de entrar en la OTAN y comprometiéndose tanto a prohibir tropas extranjeras en su suelo como a reducir su arsenal.

Moscú, que ya había sufrido sus primeros reveses, ofrecía a cambio un alto el fuego y se comprometía a retirar sus tropas de los territorios ocupados desde el 24 de febrero, lo que excluía a Crimea y a la parte del Donbass en manos rusas. El Kremlin asumía que Ucrania entrara en la UE –regalo envenenado para Bruselas–, prometía no volver a atacar a Ucrania y aceptaba las garantías de seguridad que Kiev exigía: en caso de ser atacada, los miembros del Consejo de Seguridad de la ONU saldrían a defenderla.

Ucrania se levantó de la mesa de negociaciones en abril de 2022, aduciendo las revelaciones de la masacre de Bucha por parte de un Ejército ruso en retirada del frente de Kiev.

Más dura será la caída...

Casi tres años después, el Ejército ucraniano está a la defensiva. A la falta de munición, que responde a una escasez global, se suma la baja moral de sus tropas, con problemas para ser relevadas. Necesita para resistir movilizar a medio millón de hombres y 90.000 proyectiles de artillería al mes, pero tiene grandes problemas para conseguir ambos objetivos. Económicamente en ruinas, y agotada por la fracasada contraofensiva de 2023, como les ocurrió a los rusos tras un inicio de «campaña» desastroso, Ucrania aguanta gracias al suministro masivo de ayuda económica y militar de sus aliados. Una ayuda que cuenta con crecientes trabas, fruto del agotamiento de las sociedades occidentales.

La UE aprobaba en mayo de 2024, en vísperas de unas elecciones con buenos resultados para formaciones de extrema derecha pro-Kremlin como la de la francesa Marine Le Pen, un paquete de 50.000 millones de euros, que se suma a los 108.000 millones librados hasta entonces. El presidente de EEUU, Joe Biden, lograba finalmente el mismo mes desbloquear un paquete de 61.000 millones de dólares, a sumar también a los 111.000 suministrados hasta la fecha. Lo hacía después de que los republicanos levantaran el veto a cambio de seguir armando el genocidio israelí en Gaza. Conviene matizar que 48.000 de esos 61.000 millones tienen como beneficiarios a los fabricantes de armas estadounidenses para reabastecer sus existencias casi vacías y para fabricar más armamento para Ucrania. «*Business is business*».

Así las cosas, el G7, que reúne a las siete primeras economías pro-occidentales, ha acordado utilizar los intereses de los 300.000 millones de dólares de activos del Banco Central de Rusia congelados desde la invasión, sobre todo en países de la UE, como garantía para ofrecer un préstamo de otros 50.000 millones de dólares a Ucrania. EEUU, que barajó inicialmente la posibilidad, legalmente discutible, de utilizar directamente como garantía los citados fondos, se comprometió a desembolsar el préstamo, que se iría amortizando con los 3.000 millones de intereses anuales de esos fondos. El problema para la UE, más allá de la sempiterna amenaza de veto de la Hungría del derechista panruso Viktor Orban, que en junio de 2024 asumía la presidencia semestral comunitaria, es que esa inyección no cubre ni de lejos los 486.000 millones que Ucrania necesitaría para su reconstrucción y recuperación en los próximos diez años.

Está claro que el día en que Ucrania dejara de estar intubada por Occidente, su resistencia se desmoronaría en poco tiempo. Putin suspira por una victoria en las presidenciales de noviembre de Donald Trump, que ha anunciado que no dará un dólar más a un Zelenski al que presenta como «el mejor vendedor del mundo», y que ha reiterado que si gana resolverá «todo esto de inmediato». Los ucranianos tiemblan.

Rusia ha conseguido sortear las sanciones occidentales vendiendo sus ingentes hidrocarburos a precios políticos sobre todo a China e India y su economía no se hunde, sino que crece, al menos a corto plazo. Putin ha salido fortalecido después de vengar la rebelión de Wagner y arrasar en las presidenciales, tras lo que trata de poner orden en el corrupto Ejército.

Pero tampoco está para demasiados saltos. Los escasos y lentos avances de sus tropas apuntan a un estancamiento del frente, más allá de movimientos en el Donbass, lo que nos recuerda a escenarios como el de la I Guerra Mundial.

Contribuye a ello la evolución tecno-militar en un conflicto que recuerda a los que sacudieron a Europa a principios y mediados del siglo pasado. Sobrevuelan todos los frentes drones espía con visores térmicos nocturnos que detectan a tiempo los movimientos del enemigo, lo que permite a unos y otros atacar con antelación con fuego de artillería o con una horda de aparatos no tripulados suicidas. Todo un anticipo de lo que pueden ser las futuras guerras a medida que la ya estrenada inteligencia artificial (IA) se convierta en un actor militar central.

Empate geopolítico-diplomático

Junto con la evolución de la guerra, el enquistamiento del frente geopolítico también invita a esperar una salida negociada. La llamada Conferencia por la Paz en Ucrania, reunida en Lucerna (Suiza) en junio de 2024, certificaba la falta de avances diplomáticos en favor de Kiev, constatada desde el principio de la invasión en la Asamblea General de la ONU. 16 de los 92 países asistentes u observadores se negaron a rubricar una declaración que, a instancias del medio centenar de «democracias liberales» norteamericanas, europeas y asiáticas, defendía la integridad territorial de Ucrania y la Carta de Naciones Unidas como marco para una «paz justa y duradera».

Entre los no firmantes se incluían los BRICS presentes (Brasil, India y Sudáfrica), y otros representantes del Sur Global como México, Indonesia y Rwanda. Un Sur Global que, aunque en general no apoye la invasión de Ucrania, se niega a secundar las sanciones a Rusia indignado por el doble rasero de Occidente –insultante, en pleno genocidio de Gaza– y temeroso de su impacto económico en sus expuestas poblaciones.

También se negaron a hacer suyo el documento países eslavos como Eslovaquia –donde el Gobierno prorruso acababa de ganar las presidenciales– o temerosos de Rusia como Armenia, y las satrapías del Golfo: Arabia Saudí, Emiratos Árabes Unidos y Bahrein, que llevan tiempo realineándose a favor de Moscú.

Una negativa que agrupa a más de la mitad de la población del planeta.

Destacaron las ausencias de Rusia, no invitada, y sobre todo de China. El gigante asiático se debate entre su alianza estratégica con el vecino euroasiático y su preocupación por las consecuencias en la economía mundial, y en la cuestión de Taiwán, de la prolongación del conflicto. No le interesa que Rusia pierda, pero tampoco que gane. Le viene bien que EEUU, su contendiente por la hegemonía mundial, y Rusia, su aliada pero a la vez histórico rival regional, se debiliten y que esta última le siga vendiendo petróleo barato y abra las puertas a sus intereses en Siberia.

Pero a quien más echó en falta Zelenski fue al presidente de EEUU, quien priorizó la cumbre del G7 en Apulia, Italia. Joe Biden, con indisimulables síntomas de senilidad, cedía finalmente a las presiones del Partido Demócrata y renunciaba a presentarse a su reelección frente a Trump.

Aunque el todavía inquilino de la Casa Blanca, convertido en lo que en el argot estadounidense se conoce como un «pato cojo», sigue oficialmente apoyando a Ucrania, el Pentágono no oculta su cansancio por una implicación en la que no ve frutos. El Gobierno estadounidense ha acelerado la ayuda militar a Ucrania, pero simultáneamente le insta a negociar, pese a que mantiene el principio de que será Kiev quien decida cómo, cuándo y sobre qué.

Por lo pronto, el Gobierno Zelenski, que ya abandonó su línea roja de no negociar con Putin y exigir como condición su derrocamiento, ha asumido que Rusia debería estar presente en la cumbre que tomará antes de finalizar 2024 el testigo de Suiza y que podría celebrarse en Arabia Saudí, o en su caso en Turquía. Una cumbre que puede ser decisiva en la evolución del conflicto.

Putin se frota las manos

De camino a Pyongyang y a Hanoi, capitales norcoreana y vietnamita respectivamente, para firmar acuerdos militares y económicos, el jefe del Kremlin se permitió el lujo de presentar, en la víspera de la cumbre de Lucerna, una propuesta de paz en la que exigía la retirada total de Ucrania de las provincias de Donetsk, Lugansk, Zaporiya y Jerson para anunciar un alto el fuego e iniciar negociaciones.

Se da la circunstancia de que Ucrania conserva parte del territorio no solo de las dos primeras, que forman el Donbass tras diez años de guerra, sino también de las dos últimas, en cuyas capitales, Jerson y Zaporiya, ondea la bandera azul y amarilla.

Pese a ello, el Kremlin prosigue con su propia política de hechos consumados. A modo de ejemplo, Rusia espera inaugurar próximamente una vía férrea de 500 kilómetros de largo que unirá Crimea con Donetsk a través del corredor sur y que, tras pasar por todas las ciudades en sus manos, acabará en Rostov del Don, ya en territorio ruso. El proyecto es una alternativa al expuesto puente del estrecho de Kerch, atacado dos veces por Ucrania, y que solo conserva un cuarto de su anterior capacidad.

Moscú reconoció a finales de 2022 la independencia de Zaporiya y Jerson –había hecho lo propio con Lugansk y Donetsk dos días antes del inicio de la invasión– tras convocar consultas en plena guerra.

El resultado, el esperado. Tal y como hizo en 2008 al arrebatar Abjasia y Osetia del Sur a Georgia, Rusia se ha anexionado de facto estos territorios, a los que hay que unir la Península de Crimea, cuyo control ya se aseguró en 2014 tras el Euromaidan.

El Kremlin ha advertido a Ucrania que, de no aceptar sus exigencias, continuará invadiendo y anexionándose nuevos territorios. Esta amenaza nos retrotrae a la idea que expertos rusos en geoestrategia como el asesor del Kremlin Sergei Karaganov reconocieron al inicio de la guerra: el objetivo último de Rusia nunca ha sido invadir todo el país sino trocearlo entre distintos entes bajo control de Rusia (sur y este), Polonia (oeste) y Hungría (Transcarpatia). El plan concedería un pequeño núcleo a Ucrania, quizás en torno a Kiev. Una partición que toma como ejemplo la que la propia Rusia impulsó en Polonia a finales del siglo XVIII.

Resucitar Novorrosiya

En definitiva, se trataría, en último término, de restaurar Novorrosiya, denominación zarista actualizada que abarcaría todo el arco que va desde Odesa, en el mar Negro, hasta Jarkov, y que incluiría, además de Crimea y las cuatro provincias ya anexionadas, la de Dnipropetrovsk, en el centro-sureste del país.

Putin, que meses antes de la invasión ya expuso que Ucrania no es una nación sino parte, junto con Bielorrusia, de la Gran Rusia, no hace sino dosificar sus exigencias acompasándolas al ritmo y desarrollo de la guerra y las utiliza como instrumento de presión ante una eventual negociación.

Rusia sostiene desde el principio que la suya es una lucha existencial ante la amenaza de la OTAN. En realidad, no resulta muy creíble, salvo una conflagración total, que una potencia nuclear como la rusa vaya a ser atacada. Estamos ante una agresión rusa esencialista, que disfraza sus intereses espurios –como los de toda guerra– en nombre del «Ruskiy Mir» (Mundo Ruso), una idea-fuerza que tiene un componente cultural y geográfico.

Frente a ella, lo que comenzó siendo una posición esencialista por parte de Ucrania, que se reivindicó negando la realidad de las minorías del país, sobre todo la rusa, y promoviendo un proceso de ucranización forzosa, es ahora una lucha existencial, de pura supervivencia como país. Si perder el Donbass minero e industrial y asumir el control ruso de Crimea ya es una cesión, qué no decir de quedarse sin salida alguna a los mares Negro y de Azov y entregar a Rusia Jarkov, la segunda ciudad del país.

Así las cosas, Kiev trata de convencer al mundo de que la ofensiva rusa no pararía en Ucrania y que toda Europa Occidental sería su objetivo militar. Otra falacia. Rusia nunca atacaría territorio OTAN, sabedora de que su artículo V establece que el ataque a un aliado es un ataque a todos. Otra cosa es que ataque a Moldavia desde su pica de Flandes de Transnistria o presione a las repúblicas bálticas con una pinza desde su enclave de Kaliningrado y de su frontera con Estonia y, sobre todo, con Letonia y su despreciada minoría rusa.

Negociar sí, pero hasta dónde

La dialéctica entre una lucha por la existencia y una guerra esencialista es difícil de encauzar a una mesa negociadora. La evolución y el estancamiento del frente entre la superioridad rusa y el contrapeso de la ayuda occidental y el empate geopolítico invitan a una salida negociada. Pero la percepción de lo que ya han perdido y de lo que podrían todavía perder en un escenario negociador frena a ambos bandos.

El Kremlin ha visto que la OTAN se ha ampliado a Suecia y Finlandia, país que comparte 1.300 kilómetros de frontera con Rusia, cuando su objetivo inicial era frenarla y lograr un tratado de seguridad que retrotraería sus relaciones a 1997, antes de las primeras ampliaciones aliadas al este. Es consciente además de que se ha ganado el odio de la mayoría de los ucranianos. Todo ello le anima a seguir apretando las tuercas a Kiev.

Ucrania es un país hundido que necesitará años, cuando no decenios, para volver a su situación, no precisamente holgada, de antes de la guerra. Y es consciente a su vez de que, evidenciada su debilidad, Rusia tratará de no conformarse con Crimea y parte del Donbass en una mesa de negociaciones.

Deshacer ese nudo gordiano pasa, cómo no, por EEUU y China.

Washington sabe que una potencia nuclear como Rusia no va a perder esta guerra. Y debería concluir, egoístamente, que tampoco le interesa que un país hoy estable pero históricamente tan dado a convulsiones como Rusia la pierda. Pero debe a la vez advertir a Moscú que no le dejará vencer a Ucrania.

Pekín tiene suficientes mecanismos de presión para marcar límites a su aliado ruso, en aras a recordarle que no puede tensar la cuerda hasta el punto de arrastrarle a una exacerbación incontrolada de las tensiones con un Occidente resentido. Otro cálculo egoísta desde la doble convicción de que a China le interesa alimentar los intercambios económicos con los países más enriquecidos mientras trata de igualarse a ellos y hasta superarlos, sin pausa pero sin prisa. Y de que tampoco le conviene que Rusia se sienta reforzada con una victoria total.

Win-Win

China y EEUU deben por tanto convencer a sus respectivos rivales de que van a ganar negociando una salida. Para ello Washington debe calibrar un acuerdo de seguridad con Rusia que incluya la retirada por parte de la OTAN de sus misiles nucleares en Europa y en Turquía. Pekín tiene que dar garantías a Ucrania de que no permitirá que acabe despiezada o sin salidas al mar y entregando ciudades estratégicas que comprometen su viabilidad.

Pero, de cualquier manera, deben convencerles de que si quieren ganar tendrán que ceder. Rusia deberá renunciar a su expansionismo pan-ruso. Ucrania deberá asumir no solo que Crimea es innegociable para Moscú, sino que debe dar una alternativa no militar a territorios como el Donbass, negociando de una vez un estatus para sus reivindicaciones, sin excluir incluso un referéndum sobre su futura relación con Kiev. Y respetando los derechos de sus minorías, rusa y húngara incluidas.

En ese caso ganarían los que, en un bando y otro, y a falta de balances fiables, engrosarán, si la guerra sigue, la lista de los miles y miles de civiles ucranianos, soldados ucranianos, uniformados rusos, milicianos prorrusos y civiles rusos de las provincias fronterizas muertos o heridos tras dos años y medio de guerra. Y las cancillerías occidentales y orientales perderían excusas para la creciente militarización del mundo y para el rearme nuclear en curso.

¿Ingenuidad? Seguro. La de que alguna vez se imponga la máxima de que la paz puede ser la continuación de la guerra por otros medios como la negociación.

Otra cosa es que esta, si finalmente se diera, desemboque en una paz duradera o sea un paréntesis.

Mientras tanto, ambos bandos tratan de reforzar su posición de cara a un hipotético escenario negociador. Rusia ha redoblado desde el verano de 2024 su ofensiva para lograr el control total del Donbass antes de fin de año y a comienzos de octubre tomaba el control de Vuhledar, sobre una colina estratégica que le permite hacer una tijera oeste-sur en Donetsk. Con el 80 % de la provincia en manos rusas, Pokrovsk está al caer. Y Sloviansk y Kramatorsk, últimos bastiones de Ucrania en la provincia, en el punto de mira.

Con sus incursiones en territorio ruso, Ucrania trata de frenar ese avance. Zelenski insiste en que Occidente avale su plan, que incluye la entrada en la OTAN, el permiso para ataques de largo alcance contra Rusia y el refuerzo de sus defensas interiores con todo tipo de material militar estratégico no nuclear.

Es la única baza de Ucrania para no sentarse en la mesa de negociaciones con su capitulación encima de la mesa.

APÉNDICE 2

EL SACRIFICIO DE ARMENIA EN EL ALTAR DE UCRANIA

El que enfrenta a la invadida Ucrania con la agresora Rusia no es el único conflicto bélico en el espacio post-soviético.

En septiembre de 2023, mientras se certificaba el fracaso de la segunda contraofensiva ucraniana, los armenios del enclave de Nagorno-Karabaj se rendían ante Azerbaiyán. Llevaban desde diciembre del año anterior absolutamente bloqueados después de que el régimen azerí enviara a un grupo de supuestos ecologistas a bloquear la carretera del corredor de Lachín, única conexión del territorio con Armenia. Lo que quedaba del Ejército de Artsaj, nombre que los armenios dan a Nagorno (Alto) Karabaj, no tardó ni dos días en sacar la bandera blanca y comprometerse al desarme ante una ofensiva en la que la Armada azerí rompió por varios puntos la línea del frente.

Rusia, histórica aliada de Armenia y encargada por la ONU como fuerza de interposición, asistió impasible al desenlace. Este final estaba cantado desde hacía tiempo.

La Guerra de los 44 Días

Azerbaiyán, república soviética de mayoría turcomana y musulmana, se quedó en 1923 con el enclave de mayoría armenia de Nagorno Karabaj por decisión de Stalin. Entonces ministro (comisario del pueblo) para las Nacionalidades, el georgiano apuntaba su querencia esquizofrénica por el movimiento artificial de fronteras y por el desplazamiento y destierro de poblaciones enteras, tendencia que llevó al paroxismo tras la II Guerra Mundial, cuando llevaba ya dos décadas al frente de la Unión Soviética, desde la muerte de su fundador, Vladimir Ilich Ulianov, Lenin, en 1924.

En medio de la disolución de la URSS y las tensiones en los territorios que la conformaban, Armenia y Azerbaiyán libraron entre 1988 y 1994 una guerra por el control del enclave, que dejó 30.000 muertos y acabó con la victoria armenia y la deportación de un millón de azeríes que vivían en siete distritos alrededor de Nagorno Karabaj, que pasaron a control de sus milicias independentistas como «cinturón de seguridad».

Resentida, Azerbaiyán rumió durante años su venganza y comenzó a rearmarse gracias al petróleo y al gas de sus yacimientos en el mar Caspio.

Tras dar un aviso en el conflicto que estalló en 2016, la «Guerra de los 44 Días» de otoño de 2020 cambió las tornas. Para ello, los azeríes contaban ya con el apoyo de la Turquía del presidente Recep Tayip Erdogan, que les suministraba drones Bayraktar. También Israel, cuya economía depende de los hidrocarburos de Azerbaiyán, les vende esos robots aéreos no tripulados. Frente a estos, el aguerrido pero anticuado Ejército de Artsaj no podía hacer nada, como no sea esconderse bajo tierra, y el Gobierno de Nagorno Karabaj tuvo que devolver a Azerbaiyán todo el «cinturón de seguridad», además de entregarle 25 % del enclave.

Los azeríes habían incorporado las enseñanzas de Turquía en los conflictos de Libia y Siria, de Israel contra el Hizbullah libanés y, sobre todo, de Rusia en el conflicto sirio pero en particular en la guerra del Donbass.

Drones, la nueva y decisiva arma

Los drones, menos detectables por los radares, pueden atacar con precisión blancos importantes y dirigir ataques artilleros desde larga distancia, como hicieron los rusos para desbaratar la ofensiva ucraniana en la provincia de Donetsk en 2014. Resulta toda una paradoja que, entre otras, las tácticas rusas sirvieran de guía en 2020 para derrotar a un Ejército, el armenio, armado en su día por la propia Rusia.

Pero la citada paradoja tenía sus motivos. Dos años antes, en 2018, una revuelta, la Revolución de Terciopelo, llevaba al poder en Armenia al *outsider* Nikol Pashinian, con la promesa de una regeneración que pasa por la lucha contra la corrupción y su derivada, la total dependencia de Moscú. En respuesta, el Kremlin dio luz verde a la ofensiva azerí. Pero lo hizo también porque, en caso de frenarla, temía como represalia una entente entre Turquía y Ucrania, que contaba ya con los temidos drones Bayraktar, y que había comenzado a utilizar con éxito contra los rusos y prorrusos en el Donbass.

Lo mismo, agravado, ocurrió antes de la rendición total de Nagorno Karabaj en 2023. Pashinian, indignado por el abandono de Rusia, lanza guiños a EEUU y a Ucrania, y firma el Estatuto de Roma, tratado fundacional de la Corte Penal Internacional que ha lanzado desde La Haya una orden de busca y captura contra Putin por secuestro y destierro de miles de menores ucranianos.

Ante semejante afrenta de su subordinada, Rusia vuelve a mirar a otro lado y permite la victoria total de Azerbaiyán. Se venga de Armenia y, de paso, evita otra vez enfadar a Turquía, que tiene el control del paso del estratégico mar Negro.

Toda la población de Nagorno-Karabaj, entre 120.000 y 170.000 personas, huye a Armenia en una reedición a pequeña pero también dramática escala del éxodo armenio forzado por el imperio otomano de principios del siglo XX.

Pero Azerbaiyán quiere más y presiona para abrir un corredor, el de Zangezur, que le conectaría con su aislado enclave de Nayichevan pero a través de territorio armenio. Aspira a conectar Azerbaiyán con su mentora Turquía, pero para ello dejaría a Armenia sin frontera con Irán, lo que supondría su asfixia económica.

Puede hacerlo por las buenas o por las malas, con otra guerra que arrebate a Armenia toda su región sur de Syunik. O, por qué no, invadiendo toda Armenia.

Otra guerra inacabada.

ASIA - PACÍFICO

La joven Tsai Shu es étnicamente china y lo sabe. Vive en Taipei, capital de la isla de Taiwán, pero como la mayoría de los taiwaneses pertenece a la etnia han, mayoritaria en el continente.

Su familia ya estaba aquí cuando, tras perder la guerra civil contra los maoístas, el general Chiang Kai Shek desembarcó y se refugió en la isla con su séquito y con su derrotado ejército, instaurando una cruel dictadura. Los ascendientes de Tsai Shu son, sin embargo, los chinos han que el «imperio del centro» envió 400 años antes a colonizar las islas, pobladas hasta entonces por tribus austronesias.

Tsai se sabe china pero se siente taiwanesa. No tiene nada contra sus hermanos del continente. Incluso, cuando pasa el verano con parientes en las islas taiwanesas de Kinmen, cruza en barco los dos kilómetros que las separan de China para hacer compras en la mega-urbe fronteriza de Xiamen. No le importa que los habitantes de Kinmen y de las islitas más cercanas a China voten mayoritariamente a formaciones que defienden mantener el status con el gigante asiático.

Tsai no tiene nada contra sus hermanos chinos, pero no quiere ni oír hablar del régimen del PCCh. Menos aún tras la absorción por la fuerza de la autónoma Hong Kong. Solo de pensarlo siente que se asfixia. Y todavía recuerda el escalofrío que le recorrió la espalda cuando, adolescente, sus padres le contaron que China no tuvo piedad alguna con los estudiantes que en 1989 –ella aún no había nacido– pedían libertad en la plaza pequinesa de Tiannanmen.

Hoy abogada de profesión y especializada en cuestiones medioambientales, vio con envidia a su hermano mayor, estudiante, participar en 2014 en protestas contra China en el conocido como Movimiento de los Girasoles. Cuando terminó secundaria y se matriculó en la facultad de Derecho de la capital, hizo suyo el activismo y comenzó a militar en el partido soberanista PDP.

Tsai es taiwanesa y quiere vivir en un Taiwán independiente. Es consciente de que serlo en estos días es una quimera. Menos en una isla que mantiene relaciones comerciales vitales con el gigante asiático, que ha hecho de la unificación, en realidad anexión, su gran objetivo. Y cuando Taiwán se ha convertido en la punta de lanza de EEUU en su pugna por la hegemonía con China.

Pero Tsai, que no es ingenua, quiere vivir en un Estado donde no rija el autoritarismo. Y para ella ese Estado se llama Taiwán. Así de claro. Y peligroso.

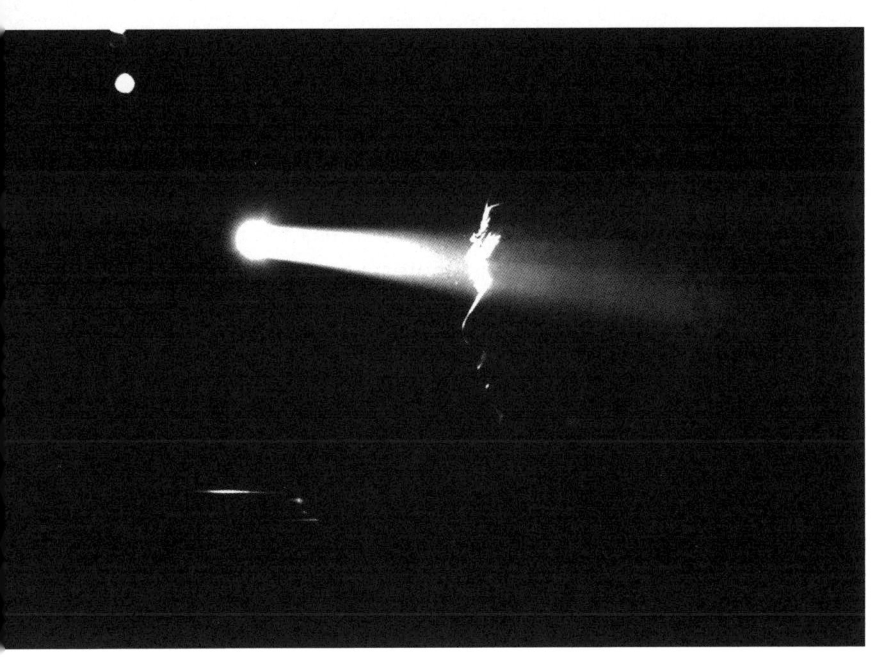

CHOQUE DE TRENES EN LA «FORMOSA» ISLA DE TAIWÁN

Una isla o algo más

Taiwán es una pequeña isla, menor que Suiza, habitada por 23 millones de personas. En realidad, es una isla desde hace *solo* 10.000 años, cuando la subida del nivel del mar en 140 metros la desgajó del continente, del que la separan 150 kilómetros –los islotes occidentales de Kinmen solo están a dos kilómetros de la costa china–.

Es evidente que el centro del mundo ha girado hacia la región de Asia-Pacífico. Pero ese viraje no explica por si solo semejante tensión en torno a una *islita.* ¿Cómo es posible que

Taiwán vaya camino de convertirse en el punto más caliente no ya del continente asiático sino del planeta?

Los analistas debaten desde hace tiempo la posibilidad de que China lance en 2027, incluso antes, una invasión militar para anexionársela. Esa hipótesis podría desencadenar un choque militar entre las dos grandes potencias mundiales, China y EEUU, que dejaría en simples anécdotas bélicas la invasión rusa de Ucrania y el genocidio israelí de Gaza.

Un poco de historia

Bautizada isla Formosa (Hermosa) por los exploradores del imperio marítimo portugués, Taiwán ha sido siempre codiciada por su posición estratégica. La dinastía china Qing conquistó la isla y envió colonos han, mayoritarios en el continente, en varias oleadas a lo largo del siglo XVII. Forzó así a los aborígenes austronesios, emparentados de origen con la población indonesia, a huir hacia las selvas del interior.

En la misma época, portugueses, españoles y holandeses se disputaron la isla, que acabó en manos chinas desde 1693 hasta 1895, cuando la victoria de Japón sobre China en la guerra por el control de la península coreana acabó con la cesión de Taiwán al emergente imperio del Sol Naciente.

Era el penúltimo capítulo de una China humillada a lo largo de todo el siglo XIX por sus derrotas militares y por su incapacidad para hacer frente a las imposiciones de las potencias coloniales europeas (Guerra del Opio), lo que provocó revueltas populares como la Rebelión Taiping a mediados del siglo XIX y la Revolución de Xinhai de 1911. Esta última derrocó a la dinastía de origen manchú Qing y creó la República de China, pero esta no pudo impedir que Japón invadiera en 1931 la provincia nororiental de Manchuria (Manchukuo).

En 1937 los ocupantes se lanzaron a la conquista de todo el país y dejaron un saldo de 20 millones de muertos. Por supuesto, Tokio mantuvo el control de Taiwán hasta su derrota en la II Guerra Mundial (Guerra del Pacífico) en 1945.

Entonces, EEUU y Gran Bretaña –el presidente Roosevelt y el primer ministro Churchill, respectivamente– lograron que el líder soviético, Stalin, secundara, en la triunfal Declaración de Postdam, la retrocesión de Taiwán a la República de China, controlada por el movimiento panchino (nacionalista) de derechas del Kuomintang (KMT) que lideraba Chiang Kai Shek.

Tras la retirada japonesa, el Kuomintang y la guerrilla comunista se embarcaron en 1948 en una guerra civil, que ganaron estos últimos. Su líder, Mao Zedong, proclamó en 1949 la República Popular China.

Chiang Kai Shek había ordenado para entonces la Gran Retirada. Con el apoyo de la flota de EEUU, que defendió el Estrecho de Taiwán de la ofensiva comunista para finiquitar la guerra, su protegido se refugió con sus dos millones de derrotados soldados en la isla e instauró en ella el que siempre había sido su sueño, en realidad pesadilla, para toda China: un régimen dictatorial y nepotista, heredado por su hijo, Chiang Chin Kuo, que primaba a su minoría de chinos continentales (un 10 % de la población) y machacaba a todo lo que oliera a izquierda o a simple oposición.

Desde el principio, los isleños (88 %), mayoritariamente chinos herederos de los colonos han del siglo XVII, vieron con desconfianza esa invasión demográfica y política y rechazaron el sesgo de reconquista autoritaria que le imprimió el Kuomintang. Ese rechazo era compartido por la población aborigen, el 2 % del total.

Ello dio lugar a sucesivas revueltas, incluso armadas y guerrilleras, reprimidas a sangre y fuego. La ley marcial vigente en Taiwán no se levantaría hasta 1987.

EEUU y China mueven ficha

En 1972, con el objetivo de ahondar en la pugna por la hegemonía comunista mundial entre los partidos únicos maoísta y soviético, y a iniciativa del entonces consejero de Seguridad Nacional Henry Kissinger, el presidente estadounidense Richard Nixon, ahogado en la guerra de Vietnam, inició un deshielo, para lo cual retiró a Taipei (capital taiwanesa) la representación de China en la ONU e inició la normalización de relaciones con Pekín.

Los países occidentales y sudamericanos siguieron en cascada rompiendo las relaciones diplomáticas con Taiwán y reconociendo a la República Popular China como representante legítima en la ONU.

Todo ello coincidió con el inicio del impresionante auge económico chino que siguió a la muerte de Mao y a la apertura liderada por su sucesor, Deng Xiaoping. En un mensaje a «los compatriotas de Taiwán», el Pequeño Timonel –conocido con ese título en comparación con el Gran Timonel–, sustituía el lema «liberar Taiwán» por el más conciliador de «solucionar pacíficamente el problema de Taiwán». Comenzaba así un deshielo que propició el Consenso de 1992, según el cual el PCCh y el Kuomintang coincidían en la existencia de «una sola China», aunque unos y otros la reivindicaban para sí.

EEUU ya había hecho suyo el principio de que «todos los chinos a ambos lados del estrecho de Taiwán sostienen que hay una sola China y que Taiwán forma una parte de China», pero en su unilateral Taiwan Relations Actç de 1979 añadía el principio de «ambigüedad estratégica». Según este último, Washington no se compromete a acudir en defensa de Taiwán en caso de un ataque chino, pero paralelamente se opone a cualquier intento unilateral por parte de Pekín o Taipei de alterar el statu quo. Así las cosas, EEUU dirigía una doble disuasión: a China para no invadir y anexionarse Taiwán, y a Taiwán para no declarar la independencia.

En 1982, el entonces inquilino de la Casa Blanca, Ronald Reagan, incluyó unas aclaraciones a la posición de Washington. Las «Seis Garantías» incrementan el apoyo a la isla y reabren de facto la venta de armas y la cooperación militar con Taiwán.

Esta ambigüedad o indefinición, en la que, cada uno a su manera, coincidían los tres actores, el PCCh, el Kuomintang y el imperio estadounidense, se mantuvo durante años con altibajos y algún que otro diente de sierra.

Aires de libertad

Pero la apertura política en Taiwán, que instauró una democracia liberal multipartidista y permitió las primeras elecciones libres en 1992, supuso el inicio de un giro de consecuencias entonces imprevisibles.

La mayoría local taiwanesa comenzó a reivindicarse frente a la minoría de chinos continentales llegados cuarenta años antes, y la primacía política del Kuomintang inició un lento pero inexorable declive. La oposición se había articulado en 1987, gracias a la apertura política, en una formación soberanista, el Partido Demócrata Progresista (PDP o Minjindang).

Los primeros años de ese movimiento coincidieron con la caída del Muro de Berlín y el desplome de la URSS y del llamado «socialismo real». Esto tuvo su reflejo en China en la matanza de Tiannanmen, cuando los tanques del Ejército Popular de Liberación masacraron a sangre y fuego una revuelta estudiantil y obrera que reclamaba la apertura política china en la gran explanada del centro geográfico y del poder de Pekín. Aquel sangriento desenlace reafirmó a los soberanistas taiwaneses en su voluntad de desmarcarse de la China continental.

El cambio del mapa político iba de la mano de una importante transformación social, con la emergencia de una pequeña burguesía independentista frente a las élites que habían copado todos los resortes del poder durante la dictadura de la dinastía Chiang.

Tras la muerte de Chiang hijo (Ching Kuo, CCK) a finales de los ochenta, tomó el relevo Lee Teng Hui, del Kuomintang. Durante los primeros años de su larga presidencia (1988-2000), Lee profundizó en las relaciones bilaterales con China, y firmó el ya mencionado Consenso de 1992.

Sin embargo, el presidente taiwanés comenzó a volar por libre desmarcándose de la política oficial del Kuomintang y comenzó a viajar a Occidente.

China respondió en 1995 a este giro con el lanzamiento de misiles balísticos en dirección a Taiwán y EEUU replicó con su mayor despliegue militar en la región de la historia. La conocida como tercera crisis del estrecho no fue a más –las dos anteriores, en la década de los cincuenta, consistieron en asaltos militares frustrados de China a pequeñas islas aledañas a Taiwán como Dachen, Matsu y Kinmen–, pero la tensión política fue en aumento.

Lee legó en 1999 su testamento con la «teoría de los dos Estados», en la que defendía una fórmula similar a la de las dos Alemanias (1970-1990), según la cual la China continental y la República de China (Taiwán) representaban dos jurisdicciones distintas. Cada vez más cercano al soberanista PDP, fue finalmente expulsado del Kuomintang, que nunca le perdonó que en su última etapa presidencial promoviera la taiwanización de la identidad nacional.

En realidad, Lee no hizo sino percibir el signo de los tiempos. El PDP ganó las presidenciales de 2000 y su líder, Chen Shui Bian, dio un salto más en la reivindicación de una Taiwán soberana.

Pekín respondió con la ley antisecesión de 2005, en la que advertía de una eventual declaración de independencia de la isla.

DEL ESPEJISMO CHINO AL CONFLICTO ABIERTO

Por aquella época, China experimentaba un espectacular crecimiento económico y un fuerte impulso de su potencial militar. En contraste, la grave crisis económica de Taiwán, amenazada por las sanciones chinas, supuso la derrota del soberanismo y la vuelta al poder del Kuomintang en 2008. La nueva presidenta, Ma Ying Yeou, volvió a la política ambigua y pragmática con China. La cumbre en 2015 en Singapur entre Ma y el presidente chino, Xi Jinping, la primera entre líderes de ambas Chinas desde la que en 1945 reunió a Mao Zedong y Chiang Kai Shek, representó un hito y un éxito para Pekín.

Pero para entonces el Gobierno del Kuomintang había perdido toda su credibilidad. Al intentar reeditar la política de primar a los suyos en el ámbito económico, se granjeó la enemistad de la juventud taiwanesa. Los estudiantes protagonizaron en 2014 el bautizado como Movimiento de los Girasoles, una revuelta contra el acuerdo comercial que el ejecutivo taiwanés pretendía firmar con China. El truncado acuerdo habría permitido la inversión china en el sector servicios taiwanés, que representaba el 65 % del PIB.

La vuelta al poder del Kuomintang había sido un espejismo y en 2016 el soberanista PDP volvió a ganar, logrando incluso, por primera vez, la mayoría absoluta en el Parlamento, que hasta entonces había amarrado el partido pro-chino.

Hong Kong refuerza el soberanismo taiwanés

La implicación de la juventud en la revuelta, que atrajo incluso a descendientes de quienes llegaron a la isla con motivo de la Gran Retirada de Chiang Kai Shek pero que habían nacido y crecido en Taiwán, fue decisiva para la victoria de Tsai Ingwen.

La primera presidenta de Taiwán, Ma Ying Yeou, inició su mandato con una posición pragmática de defensa del statu quo, pero pronto, coincidiendo con la llegada a la Casa Blanca de Donald Trump, acentuó el perfil soberanista y desafiante de su Gobierno, lo que le acarreó sanciones económicas chinas bajo la forma de regulaciones del mercado. Ello le llevó en 2019 a perder estrepitosamente las elecciones locales, último bastión del Kuomintang. Pekín se las prometía muy felices y esperaba un descalabro similar del PDP en las presidenciales de 2020. Pero entonces llegó Hong Kong. La represión policial de las protestas prodemocráticas en la que fuera colonia británica acabó con el control férreo por parte de Pekín.

Estas habían arrancado en 2014, con el Movimiento de los Paraguas. Hasta entonces, solo la mitad de los diputados de la Asamblea Legislativa hongkonesa eran elegidos por sufragio universal. El resto eran designados por corporaciones empresariales, profesionales y sindicales. El jefe del Ejecutivo era designado por un Comité Electoral en el que participaban los representantes de Hong Kong en la Asamblea Popular Nacional (Parlamento chino).

Aquel año Pekín impulso una reforma electoral que permitía la elección por sufragio universal del jefe del Ejecutivo, pero imponía la previa selección de candidatos por el citado Comité Electoral y establecía como condición que debían «amar al país» y «no oponerse al Gobierno central». Las protestas obligaron al Ejecutivo a retirar la propuesta de reforma, lo que sentó muy mal en Pekín, que endureció su postura contra la oposición anti-china.

Ley de extradición

Cinco años después, el Gobierno chino impulsó una ley de extradición que provocó las mayores protestas en la historia de la urbe, con dos millones de manifestantes (Hong Kong tiene siete millones de habitantes). El Ejecutivo volvió a retirar la propuesta de ley.

El estallido de la pandemia silenció las protestas y Pekín aprovechó la coyuntura para imponer la Ley de Seguridad Nacional, que tipificaba los delitos de «secesión, subversión, terrorismo y colusión con fuerzas extranjeras». Todo ello suponía una enmienda a la totalidad al principio «Un país, dos sistemas» que, si bien Deng Xiaoping propuso en 1984 con la vista puesta en Taiwán, en 1997 y 1999 se aplicó respectivamente a las antiguas colonias británica de Hong Kong y portuguesa de Macao.

El modelo garantizaba durante cincuenta años un amplio autogobierno, autonomía cultural y lingüística y una moneda propia. La llamada devolución a China no ha generado grandes problemas en Macao, pero Hong Kong fue desde el principio una piedra en el zapato para Pekín.

Impulsada por el abrupto y autoritario desenlace de la crisis en la excolonia británica, y contra los pronósticos de China, la soberanista Tsai Ingwen revalidó en las elecciones generales su victoria con un 57 % de votos y con el eslogan «El Hong Kong de hoy puede ser el Taiwán de mañana».

El giro panchino de Xi Jinping

La de Taiwán ha sido desde la fundación de la República Popular China su cuestión pendiente. Pero era en cierta manera secundaria mientras el PCCh de Mao basó su legitimidad en reivindicar su condición de vanguardia de la revolución para emancipar a las clases explotadas.

Pero la reforma y apertura instaurada tras la muerte del «padre de la patria» arrambló con esa premisa durante los treinta años siguientes. El partido único pasó a basar su legitimidad en una suerte de contrato social por el que prometía el desarrollo y la modernización económica a la población a cambio de que esta aceptara la autoridad del PCCh.

El problema es que, en paralelo al crecimiento económico exponencial del gigante chino, la liberalización y las reformas promercado generaron una brecha social que se agravó con la crisis global de 2008 y ha producido una de las sociedades más desiguales del mundo –más incluso que EEUU–. Y a la vez ha forjado una clase media cuyas prioridades pasan por todo menos por la apelación a la revolución.

Había que buscar otra clave de legitimación. Y en esas, en 2012, llegó a la cúspide del poder Xi Jinping.

Xi ha situado el nacionalismo panchino como el eje central para preservar la legitimidad del PCCh. Un partido cuyo mito fundacional es haber logrado acabar con un siglo de humillación a manos de Japón y de las potencias occidentales. El presidente chino ha convertido la cuestión taiwanesa en la línea roja por excelencia. Y ha advertido que China considera que el actual statu quo –dos estados separados, uno de hecho y otro de derecho– tiene fecha de caducidad y que Pekín no tolerará nunca la independencia de Taiwán.

Lo cierto es que la llegada al poder de Xi coincidió con el mejor momento de las relaciones bilaterales sino-taiwanesas. El Kuomintang, cada vez más unionista, había vuelto a ganar las elecciones en Taiwán.

La sustitución de la lucha de clases y del desarrollismo por el nacionalismo panchino como eje de la política interior y exterior por parte del PCCh le llevó a restaurar a los que habían sido sus enemigos durante la guerra civil de 1945-1949. Al punto de que Xi invitó a veteranos del Ejército del Kuomintang a participar en el desfile del Día de la Victoria en 2015, en el setenta aniversario del fin de la II Guerra Mundial.

La victoria arrolladora al año siguiente del soberanista PDP –sigue desde entonces en el poder– enconó la situación. En octubre de 2017, Xi aprovechó el XIX Congreso Nacional del PCCh para lanzar una amenaza militar a Taipei: «Tenemos suficiente capacidad para frustrar cualquier forma de intento de independencia de Taiwán». Paralelamente, China acentuó su presión internacional para segar la hierba bajo los pies diplomáticos de Taiwán. A día de hoy solo 14 pequeños estados e islas la reconocen como Estado y Pekín *anima* a estos con la amenaza de sanciones económicas para que dejen de hacerlo.

EEUU sube la apuesta

El soberanismo reacciona a todas estas presiones con un tono crecientemente desafiante. Tiene para ello a todo un aliado. Donald Trump, ya en la Casa Blanca, inicia una guerra comercial contra China y pone a Taiwán entre la espada y la pared. El Gobierno de Taipei se alinea con EEUU. Joe Biden derrota al magnate neoyorkino en las presidenciales de 2020 pero hará una política totalmente continuista para con China. En mayo de 2022, en plena gira asiática, el inquilino demócrata de la Casa Blanca responde con un «sí» rotundo a la pregunta de un periodista sobre si «estaría dispuesto a involucrarse militarmente para defender a Taiwán si se diera el caso». Pese a que funcionarios del Departamento de Estado se apresuraron a asegurar que no hay ningún cambio en la política estadounidense, Biden ha vuelto desde entonces a reiterar hasta en tres ocasiones más su compromiso militar con Taiwán.

La confusión y desconfianza de China respecto a EEUU está en máximos y se convertirá en ira cuando, en agosto de 2022 la presidenta de la Cámara de Representantes, la demócrata Nancy Pelosi, viaje a la isla, incumpliendo el acuerdo no escrito entre ambas potencias de que las visitas políticas a Taiwán deben mantener un perfil bajo.

Para entonces, China ya amenazaba enviando periódicamente cazas que cruzaban la línea media del estrecho, llamada zona de identificación de defensa aérea (ADIZ, por sus siglas en inglés), una suerte de frontera marítima no oficial entre ambos territorios. Pero esta vez llevó a cabo cuatro días de maniobras militares en torno a Taiwán. El Ejército chino elevó el listón tras la recepción en abril de 2023 del sucesor de Pelosi, el republicano Kevin McCarthy, a la presidenta soberanista taiwanesa Tsai Ingwen, y repitió maniobras, pero esta vez con dos destructores, una fragata y fuego real.

Tsai Ingwen había dimitido un año antes como líder del PDP tras su descalabro en las elecciones locales. El Kuomintang arrasó gracias a su pujanza en el ámbito local y en una campaña en la que abogó por el diálogo con Pekín para evitar una hipotética guerra.

China respiró aliviada. Se repetía el escenario de las locales de 2018 y Pekín daba por hecha la derrota del soberanismo taiwanés en las presidenciales de 2024. Volvió a errar en sus cálculos y el candidato del PDP, William Lai Ching-te, vencía con el 43 % de los votos. Tres días después de que el 20 de mayo de este año asumiera la presidencia pidiendo a China que cesara en sus amenazas militares e insistiera en que «Taiwán no puede hacer ninguna concesión en materia de democracia y libertad», el Ejército chino lanzó las mayores maniobras militares en la zona, con docenas de cazas y barcos de guerra rodeando a la isla por el norte, sur y este y simulando «combates mar-aire, conquistas en el campo de batalla y ataques de precisión contra objetivos claves».

¿Habrá guerra?

Los tambores de guerra resuenan y tienen hasta fecha: 2027. ¿Asistiremos a un choque de trenes entre las dos grandes potencias dentro de tres años?

No hay duda de que la invasión rusa de Ucrania ha roto con todas las previsiones y prejuicios y da pie a un paralelismo con la situación en Taiwán. Pero en ambas direcciones.

Por un lado, Moscú ha abierto una espita bélica que China podría verse tentada a aprovechar en el marco de su expansionismo. Pero el problema es que Pekín exige la anexión de Taiwán en el marco de la reivindicación de su integridad territorial, lo que no casa con la invasión rusa de territorios de otro país.

En el plano práctico, y pese a su posición de neutralidad prorrusa, sobre todo en el ámbito económico, China analiza al detalle la marcha de la guerra en Ucrania a nivel militar, diplomático y, por supuesto, económico, sobre todo respecto a las sanciones económicas de Occidente contra Moscú. Pero el Ejército chino ha certificado las dificultades de Rusia en los dos años desde la invasión y es consciente además de que tomar el control de una isla es más peligroso que batallar en un territorio continental como el ruso-ucraniano. Un fiasco militar en Taiwán socavaría la legitimidad del régimen y un éxito podría condenarle a afrontar años de insurgencia, lo que a la postre tendría similar riesgo en el ámbito interno.

¿Y EEUU? A Washington no le interesa en este momento una guerra con Pekín, menos con las crisis de Ucrania y Gaza activas. Pero debe a la vez apuntalar, siquiera verbalmente, a Taiwán para evitar que ceda a las presiones chinas. Y, como Pekín, ha aumentado la frecuencia y el volumen de sus maniobras militares en la región, además de buscar el apoyo de aliados como Japón, en su día bestia negra de Taiwán pero que busca la reconciliación con la isla.

Lo que busca Washington es utilizar la carta de Taiwán como una baza negociadora para presionar a Pekín. En esta línea, debe mantener un delicado equilibrio entre disuadir una invasión de china y disuadir a la vez a Taiwán de declarar la independencia de manera formal. Lo que le lleva a desear que la cuestión de Taiwán siga sin resolverse en un sentido o en otro *persecula seculorum* para fijar a su gran rival, China, ante su principal problema. Pero a sabiendas de que esa perpetuación del statu quo es insostenible en el tiempo.

¿Y qué pasa con el tercer y principal actor, la propia Taiwán? Los taiwaneses son conscientes de que el tiempo corre en su contra y de que China está llevando a cabo una política de rearme masiva. Tampoco son ingenuos y recuerdan lo que EEUU hizo en Vietnam o en Afganistán cuando calculó que el coste, y el desgaste interno, no merecían mantener su apoyo a esos países amigos.

EEUU, como en general todas las grandes potencias e imperios, es ducho en impulsar guerras por delegación. De ahí la máxima de que «EEUU está dispuesto a luchar contra los rusos en Ucrania hasta el último soldado ucraniano». Las guerras de Vietnam y Corea, así como la lucha contra la invasión soviética de Afganistán en los ochenta, no fueron sino guerras proxi (por delegación en el argot anglosajón) entre Washington, por un lado, y Moscú (y Pekín en las dos primeras) por otro.

Taiwán queda lejos de EEUU y para ellos la cuestión taiwanesa no es vital, como sí lo es para China. De ahí que esta nunca haya dejado de blandir la amenaza de una unificación por la fuerza, sabedora de que es la única manera de frenar las ansias independentistas de muchos taiwaneses.

El problema es que, con ello, se enajena aún más a estos.

Taiwaneses y punto

Y es que la identidad nacional de los isleños ha virado radicalmente en los últimos decenios. En 1992, casi la mitad se consideraba «tanto como taiwanés como chino», el 25 % se declaraba «solo chino» y un 17 % se reivindicaba como «solo taiwanés». En 2022, la tendencia se había invertido. Solo el 2,4 % de los encuestados se identificaba como chino mientras el 30,4 % reafirmaba su doble identidad. La proporción de «solo taiwaneses» superaba ya ampliamente el 50 %. También ha evolucionado en ese sentido, aunque en menor medida, la proporción de los que apuestan por la independencia frente a los que defienden el statu quo. El apoyo a la unificación ronda un exiguo 13 % de apoyos.

Esta tendencia de la opinión pública taiwanesa, alimentada por la incorporación de una juventud cada vez más alejada generacionalmente, política y socialmente de China, aumenta los nervios y las prisas de Pekín para forzar como sea una anexión a la que además ha puesto fecha, 2049, centenario de la fundación de la República Popular China, con lo que se ha pegado un tiro en el pie estrechando su propio margen de maniobra. Tiene además la presión de una opinión pública china cuyo nacionalismo ha alimentado para asegurar la pervivencia del PCCh como partido único y «guía de la nación».

Y hablando de tiempos, la posible victoria de Trump, conocido por su política demonizadora de China, en las presidenciales de finales de 2024, podría aumentar aún más el riesgo de un choque de trenes.

2027 es el año del centenario de la creación del Ejército Popular de Liberación chino bajo la forma inicial de una guerrilla comunista. Y es una fecha crucial para el futuro de Xi Jinping, quien afrontará el XXI Congreso del PCCh. Esperemos que no lo haga en plena guerra. O declarándola.

APÉNDICE 1
LA ECONOMÍA COMO FRENO O ACICATE DE LA GUERRA

Toda crisis, toda guerra, responde en último término a razones económicas y Taiwán no es la excepción. En los años ochenta, cuando China sufría la resaca de la Revolución Cultural maoísta, la isla se sumó a la lista de las pujantes economías capitalistas de la región, los Tigres Asiáticos.

La propia modernización económica del gigante chino fue en gran parte fruto de las inversiones de capital de los empresarios taiwaneses (*taishang*, en chino), lo que hizo depender menos a Pekín de las inversiones extranjeras. Pero toda cara tiene su cruz. Hoy, la dependencia económica de Taiwán respecto a China es elevada. El gigante asiático supone el 43 % de sus exportaciones y 45.000 millones de dólares de inversiones anuales.

Más allá de presionar con sanciones a los países renuentes a romper con Taiwán, China apenas ha utilizado la amenaza de estrangular económicamente a la isla como recurso alternativo a la «solución militar». Tampoco lo tiene fácil. China importa la mayoría de sus semiconductores de Taiwán, que fabrica el 92 % de los más sofisticados (de menos de diez nanómetros). Es líder a su vez en microprocesadores para los teléfonos móviles y en microcontroladores de automoción.

EEUU ha decidido introducir el factor geopolítico en esta ecuación y, mientras ha restringido la exportación de semiconductores miniaturizados a China, presiona a Taiwán para que haga lo propio y a la vez deslocalice su producción invirtiendo en fábricas de chips en suelo estadounidense.

Todo ello no ha hecho sino incrementar la tensión entre las dos grandes potencias, pero a la vez está propiciando que cada una por su lado busque la autosuficiencia en esta materia. Taiwán sigue teniendo una clara ventaja tecnológica en la producción y comercialización del nuevo oro negro. Esa es su baza en sus relaciones tanto con China como con EEUU. Pero algún día puede dejar de serlo.

APÉNDICE 2
TENSIÓN EN EL MAR DE CHINA MERIDIONAL

Las reivindicaciones territoriales-marítimas chinas no acaban en Taiwán. Está claro que la conocida como perla del Indo-Pacífico es el gran objeto de deseo para Pekín. Y que, por su posición estratégica, es también considerada como la primera cadena de islas, de Japón a Malasia, que impiden que China controle el Pacífico. Taiwán es una placa tectónica que, si se hundiera, acabaría con la primacía de EEUU en la región que instauró tras su victoria en la II Guerra Mundial.

Pero Pekín aspira a controlar todo el mar de China Meridional, una extensión de tres millones de kilómetros cuadrados delimitada por la propia China, Taiwán, Filipinas, Borneo y el sudeste de Asia, incluidos Vietnam y Malasia.

Hablamos del principal nexo marítimo entre los océanos Pacífico e Índico, lo que le confiere un enorme valor estratégico y comercial. Por estas vías transitan cada año billones de dólares en mercancías entre Asia Oriental, Oriente Medio y el Pacífico. Y, por si fuera poco, alberga en sus fondos marinos enormes yacimientos de petróleo y gas inexplorados, sin olvidar algunos de los más grandes arrecifes coralinos del mundo e ingentes recursos pesqueros.

Las disputas se centran en el control de cientos de islotes, arrecifes, atolones y cayos entre los que destacan las islas Paracelso, las Spratly y el atolón de Scarborough.

China reivindica que son parte de su territorio basándose en cartas de navegación de los años cuarenta del pasado siglo. Taiwán, en su condición de heredera de la República de China, hace lo propio, pero Vietnam, Filipinas, Malasia y Brunéi acusan a Pekín de apropiarse de sus territorios y de sus espacios marítimos.

Vietnam y China, ambas lideradas por partidos comunistas, protagonizaron dos conflictos a finales del siglo pasado. El gigante asiático se hizo con el control de las Paracelso en 1974. No pudo hacer lo propio con las islas Spratly al ser frenado por los soldados vietnamitas. Estos controlan 21 de sus 750 islotes. China ocupa siete, Filipinas nueve, Malasia cinco y Taiwán se ha hecho fuerte en la mayor de sus islas, Itu Aba.

Desde entonces, y sobre todo en el último decenio, China ha arrasado miles de hectáreas de arrecifes para crear islas militarizadas y ha desplegado guardacostas en zonas estratégicas a miles de kilómetros de sus fronteras para asegurar sus conquistas. Pekín ha ignorado la sentencia de la Corte Permanente de Arbitraje que en 2016 dio la razón a la demanda de Filipinas y rechazó las reclamaciones chinas sobre el 80 % de esas islas. Manila denunció las pretensiones chinas sobre el atolón de Scarborough y las Spratly.

EEUU rechaza las pretensiones chinas y apoya a todos los países de la zona enfrentados a Pekín en esta cuestión. En el caso de sus aliados, o vasallos, como Filipinas, les sostiene militarmente con el sobrevuelo de aviones de vigilancia y ha logrado instalar en el archipiélago otras cuatro bases militares. En el de históricos rivales, como Vietnam, aprovecha para pasar página y estrechar relaciones. Paralelamente, ha sellado alianzas militares como Aukus, con Australia y Gran Bretaña, y con Japón y Corea del Sur, enemigos ancestrales. Todo ello con un solo objetivo: debilitar a China y cortarle las alas en el Indo-Pacífico.

Con el consiguiente riesgo de extensión regional de una hipotética guerra.

ÁFRICA

Adam Abbakar era un niño cuando su familia huyó de la guerra en Darfur, oeste de Sudán, y llegó a la capital, Jartum, concretamente a la barriada de Omdurman. Era uno más de los dos millones de desplazados en un genocidio que se saldó con la muerte de 400.000 personas. Antes de salir corriendo con lo poco que podían llevar en un camión desvencijado que trasladaba a varias familias, vio a decenas de sus vecinos pasados a cuchillo y despedazados a machetazos por unas milicias mandadas por el gobierno. Las mujeres, muchas violadas, yacían ante los cadáveres de sus padres e hijos.

Era un niño cuando llegó a la capital de Sudán y no tardó en descubrir la calaña del régimen. Tuvo que dejar la escuela para convertirse en un pequeño mendigo y vendedor ambulante de pañuelos en los semáforos de Jartum para llevar alguna libra (sudanesa) a casa, donde no pocas veces pasaban hambre.

Los golpes que le propinaban los policías para quitarle las escasas monedas que había atesorado le confirmaron en su odio hacia el régimen.

Ya joven, y sin futuro, participó en las protestas populares que en 2019 forzaron al Ejército a derrocar al presidente Omar al Bashir, un militar oportunista que se alió con los sectores islamistas del país africano para eternizarse durante tres décadas en el poder.

Miembro de los comités de resistencia que lideraron la revuelta, Adam lloró de alegría cuando vio que miles de personas iban todos los días durante meses a la acampada ante el cuartel general en la capital, movilización que forzó a los militares a deshacerse de su comandante en jefe.

La acampada, conocida como la agrupación, era un mitin político permanente y un espacio de libertad desconoci-

do para los sudaneses. La solidaridad era la norma. Las mujeres participaban en las actividades. Los niños eran cuidados en guarderías populares improvisadas.

Al coincidir con el Ramadán, la gente era libre para practicar, o no, el preceptivo ayuno. La comida era donada por los comercios y tiendas adyacentes, fueran regentadas por musulmanes o cristianos.

Adam se desgañitaba coreando eslóganes como «hurriya» (libertad), «thawra» (revolución), «didd al haramiyya» (abajo los ladrones) y «silmiya» (no violencia). No había que caer en las provocaciones de los grupos de saboteadores y paramilitares.

Derrocado el dictador, y tras arrancar la promesa del Ejército de que cedería el poder a los civiles, el joven volvió, como todos, a casa. Había que trabajar y llevar comida al hogar. Pero en ningún momento abandonó el activismo. No era el único que recelaba de la palabra de los militares.

Lloró de ira cuando el mismo Ejército perpetró la asonada que en 2021 acabó con el proceso de democratización del país africano.

Dos años después, cuando los militares comenzaron a luchar unos contra otros por el poder, pasó a la clandestinidad porque tanto unos como otros coincidían en masacrar a todo sospechoso de pertenecer a la oposición.

Su barrio se convirtió en epicentro de los combates y Adam, quien no sabía a dónde huir, decidió volver a Darfur, su región natal. Estaba desesperado, pero tenía que haber imaginado que la guerra le pisaba los talones. A día de hoy nadie, ni sus familiares, saben si está vivo o muerto. Tienen la vana esperanza de que sea uno más de los millones de desplazados por todo el país. O de los refugiados que son rechazados y reprimidos en los países vecinos.

SUDÁN
REVUELTA Y FRATRICIDIO MILITAR

Sudán sufre un enfrentamiento militar fratricida en el que la víctima es la población civil, la que cinco años atrás soñó que las cosas podrían empezar a cambiar. Y que ha despertado a una insoportable realidad.

El 15 de abril de 2023, las Fuerzas de Reacción Rápida (RSF), principal grupo paramilitar de las fuerzas especiales liderado por Mohamed Hamdan Dagalo, alias *Hemeti*, se rebeló contra el Ejército regular sudanés, dirigido por el general Abdelfatah al Burhan. Ambos habían medrado bajo el régimen del autócrata Omar al Bashir y ambos decidieron sacrificarlo y traicionarlo, presionados por las protestas populares que en 2018-2019 acamparon frente al cuartel general del Ejército en Jartum. Al detener y encarcelar a su presidente, derrocado el 10 de abril de aquel año, los dos militarotes acabaron con más de treinta años de *reinado* de Al Bashir, pero no de régimen, ya que se negaron a ceder el poder a los civiles. Puro gatopardismo cuartelero.

Desde hace año y medio, se pegan a tiro y misilazo limpio por el poder en una guerra pugilística, pero los golpes, como de costumbre, impactan en los de siempre, en el castigado pueblo sudanés.

Un país dividido

Sudán es un país a caballo entre el Oriente Medio islámico y el África Negra animista y cristiana. Desde su independencia, en 1956, fue teatro de la pugna entre el norte, musulmán y que se considera árabe, y el sur, subsahariano.

Como casi todos los países en proceso de descolonización, y en medio de la disputa entre EEUU y la URSS, Sudán fue también escenario de la Guerra Fría. La antigua metrópoli británica, que había mantenido durante el siglo XIX administrativamente separados el norte y el sur, decidió en 1946 unificarlos en torno a Jartum. Era la estrategia del *divide et impera* pero al revés, unifica y vencerás, pero con el mismo objetivo: impedir el ejercicio de autodeterminación efectivo de las antiguas colonias y territorios sometidos.

En el caso de Sudán, su independencia nació lastrada por la primera guerra civil (1955-1972), en la que los británicos volvieron a su vieja estrategia y animaron y armaron a los sudistas, temerosos de ser absorbidos por los norteños. En el norte, cuyos dirigentes eran absolutamente incapaces de encauzar las demandas de sus hermanos de sangre, que no de religión, se sucedían las asonadas y revueltas.

En 1971, un golpe de Estado aupó al poder al Partido Comunista de Sudán, y puso al país bajo la égida de la URSS.

Fue un sueño —o pesadilla, según el prisma de quien mira— efímero, y que duró lo que las fuerzas conservadoras y musulmanas tardaron en recomponerse y volver al statu quo.

El recuerdo de aquello quedó relegado al olvido de la historia cuando, en plena descomposición de la URSS, en 1989, el entonces brigadier Omar al Bashir perpetró un golpe de Estado que le llevó al poder en coalición con el líder islamista Hasan al-Tourabi.

Ya mariscal, Al Bashir instauró un programa islamista pretendidamente revolucionario-global que, lejos de cumplir su promesa de poner fin al cisma norte-sur, lo terminó exacerbando. Hasta el punto de que, tras la segunda guerra civil sudanesa (1983-2005), Jartum tuvo que acceder a la independencia de Sudán del Sur, que en 2011 se convirtió en el miembro número 193 de la Organización de Naciones Unidas.

Para ello tuvieron que morir dos millones de civiles sureños y otros cuatro millones se convirtieron en desplazados durante los 22 años de conflicto, lo que lo convirtió en una de las guerras civiles más largas de la historia y una de las más sangrientas desde la II Guerra Mundial.

Deriva sin freno

Sin el sostén de China, a la que lo único que le interesaba eran los yacimientos de petróleo, ahora en manos de Sudán del Sur, Sudán (del norte) encaró en la segunda década del siglo XXI un deterioro que no tenía fin.

El Ejército, que controlaba la economía del país, descuidó el sector agrícola, vital para la supervivencia de los sudaneses, y se había centrado en el comercio ilegal de petróleo. En paralelo, el régimen se embarcó en un proceso de arabización artificial y de implantación de una visión rigorista del islam, hasta entonces tolerante y pragmático. Ello provocó resistencias en varias regiones, como en el enclave occidental de Darfur (ver más adelante).

Hasta los musulmanes negros y los sureños fieles a Al Bashir que habían luchado con saña contra la independencia de Sudán del Sur en las guerras civiles comenzaron a ser despreciados por los «árabes» en el poder en Jartum.

Tras el conato de revuelta de 2013, las condiciones a finales de la década, corrupción rampante y deriva económica, estaban dadas para que la gente dijera basta y saliera a la calle. Por primera vez, el movimiento tenía un componente nacional más allá de Jartum y, al llamado de organizaciones como la Alianza para la Libertad y el Cambio (ALC) y la Asociación de Profesionales Sudaneses (APS), decenas y decenas de miles de provincianos convergieron el 19 de diciembre de 2018 para unirse a las protestas en la capital.

Hasta medio millón de personas participaban en las marchas diarias, que terminaban frente a la sede del cuartel general de las Fuerzas Armadas de Sudán exigiendo el fin del régimen y una transición democrática.

Presionado, el Ejército decidió sacrificar a Al Bashir y el que había sido su segundo, el general Al Burhan, lo destituyó a principios de abril y creó un Consejo Militar de Transición para mantener el poder bajo la batuta de los militares.

Indignadas por la negativa del Ejército a pasar el testigo a los civiles, las protestas arreciaron y miles y miles de personas acamparon permanentemente durante meses ante el cuartel general.

Represión y engaño

Era el turno del general Hamdan Dagalo. Hemeti, oriundo de Darfur, se bregó como dirigente paramilitar primero en las guerras contra los sudistas y luego en el genocidio contra sus propios hermanos. Con esta macabra experiencia, Hemeti creó las Fuerzas de Reacción Rápida (RSF) reclutando a excombatientes de las guerras en el Sahel, e incluso a desertores del grupo yihadista nigeriano Boko Haram, sin olvidar a veteranos paramilitares, como él, contra Darfur.

Fueron las RSF y el Servicio Nacional de Inteligencia y Seguridad (NISS) los encargados de reprimir desde el principio la revuelta iniciada en 2018. Ellos fueron, bajo la aquiescencia del Ejército, los que mataron a cientos de manifestantes y llegaron a dispersar a tiros la acampada cuando el dictador ya había sido depuesto.

Pero la gente volvía al día siguiente, desafiante, a la plaza.

Presionado por la llamada comunidad internacional y por la Unión Africana, el Ejército sudanés accedió a firmar un acuerdo con la oposición por el que se comprometía a compartir el poder e iniciar una transición de 21 meses que desembocaría en una nueva Constitución y un régimen civil.

Tras formar en octubre de 2919 un Consejo Soberano bajo su presidencia pero en el que permitió la entrada de seis ministros procedentes de la oposición y tras meses mareando la perdiz con la promesa siempre aplazada de elecciones, Al Burhan lo disuelve dos años después y perpetra un golpe de Estado que le permitirá seguir manteniendo, ya sin compartirlas, todas las riendas del poder.

Las protestas populares son duramente reprimidas y sus líderes y activistas son detenidos y encarcelados. Hemeti, quien fuera vicepresidente del Consejo, exige su parte del pastel y Al Burhan solo le propone la integración de sus milicias en el Ejército. Insatisfecho, lanza una insurrección que da inicio a una guerra interna militar que ha cumplido ya un año y ha generado la mayor crisis humanitaria actual en el mundo, superior en cifras incluso al infierno de Gaza.

Una guerra olvidada

Más de diez millones de sudaneses han huido de sus casas y se han convertido en desplazados o refugiados desde el inicio de la guerra. Los que tenían medios en un país situado entre los 15 más empobrecidos del mundo huyeron a Egipto y a Sudán del Sur, el país más pobre en la lista de los más pobres, y no pocos tuvieron que volver tras ser rechazados allí. Otros huyeron a Kenia o a Uganda. 25 millones de los 47 millones de habitantes de Sudán necesitan ayuda humanitaria y 18 millones sufren hambre e inseguridad alimentaria aguda.

750.000 están en condiciones catastróficas. Agencias de la ONU como el Comité de Revisión de Hambrunas y el Sistema Internacional de Clasificación Integrada de la Seguridad Alimentaria certifican que medio millón padecen hambruna en uno de los mayores campos de desplazados, el de Zamzan, en Darfur Norte, donde las muertes por inanición se dan todos los días. Los datos, siempre anónimos y fríos, son escalofriantes, pero tienen su explicación. Las RSF llevan meses de asedio contra ciudad de El Fasher, la única de toda la región fuera de control por parte de los paramilitares.

Resulta difícil lograr balances fiables sobre los muertos provocados por la guerra. Se habla de 15.000 víctimas mortales, la inmensa mayoría civiles, pero el balance podría quedarse corto, ya que los enfrentamientos, que se iniciaron en la capital, no tardaron ni diez días en extenderse a otras partes del país, sobre todo al enclave de Darfur, poblado por comunidades no árabes y que ya sufrió hace veinte años un genocidio (más de 300.000 muertos) ordenado por Al Bashir y a manos de las milicias islamistas Janjaweed.

Estas milicias perpetraron entonces de todo tipo de desmanes contra los pueblos fur (del que recibe el nombre la región de Darfur), zaghawa y masalit, todos ellos de origen nilosahariano y no árabes, aunque sí musulmanes. Estos se dedican principalmente a la agricultura y son hostigados por las tribus árabes de los baggara (literalmente, «los de las vacas»), ganaderos nómadas. Al Bashir aprovechó esa tensión para desviar la atención en plena crisis política interna y lanzar una operación de limpieza étnica que duró la friolera de 17 años, desde 2003, y con varios e incumplidos altos al fuego, hasta el acuerdo de paz definitivo firmado en 2020, ya con el autócrata entre rejas.

Precisamente, y lejos de pagar por sus crímenes de guerra, los temidos Janjaweed integraron el grueso de las Fuerzas de Reacción Rápida (RFS), la misma que ahora está perpetrando una nueva limpieza étnica tras controlar gran parte de Darfur ante la mirada impasible del Ejército regular. Solo en este enclave, las víctimas en esta nueva guerra superaban a principios de este año ya los 20.000 muertos.

Además de buena parte de Darfur oeste y norte, donde han incendiado y masacrado pueblos enteros, las RFS controlan la provincia central sudanesa de Al Jazira, el granero del país, y casi toda el área metropolitana de la capital, incluida Jartum y Jartum norte o Bahari.

Tras una contraofensiva a principios de 2024, el Ejército, que ha tenido que trasladar la capital de facto de Jartum a Port Sudán, en el mar Rojo, recuperó la inmensa barriada periférica de Omdurman, desde donde bombardea el centro de la ciudad. Unos y otros saquean las casas, violan a las mujeres, se llevan enrolados a los hombres en edad de combatir... La guerra ha llegado ya al sureste del país, en la frontera con Etiopía.

Pugna regional y mundial

La tardía pero esperanzadora Primavera Árabe que sacudió hace cinco años al país africano ha quedado sepultada por la tercera guerra sudanesa. Pero mientras las dos primeras, que dejaron entre 1955 y 2005 un macabro saldo de dos millones de muertos, tuvieron su origen en la pugna entre el norte del país arabo-musulmán y el sur animista, el conflicto actual se explica por la pugna por el control de las empresas y negocios que monopoliza el Ejército. Todo ello en un país que, tras la secesión del Sur, perdió el 75 % de los ingresos por hidrocarburos.

Y en esa pugna participan, cómo no, y siguiendo el modelo de la caótica Libia, actores regionales e internacionales.

Mientras Egipto, avalado por EEUU, y que nunca ha ocultado sus pretensiones imperialistas sobre el valle del Nilo, donde se asienta Sudán, apoya con bombardeos de su aviación y abastece desde el mar al Ejército regular e Irán le vende sus drones, Emiratos Árabes Unidos (EAU) arma a los rebeldes de las RFS porque estas controlan los yacimientos de uranio, estratégico para la transición entre las energías fósiles y la energía nuclear que protagoniza la satrapía del Golfo Pérsico. Arabia Saudí coincide en el apoyo a Hemeti con la esperanza de que su victoria selle la restauración de un régimen islámico y pan-árabe.

Rusia lleva a cabo un doble juego. Mientras se alinea oficialmente con los militares, la que fuera compañía mercenaria rusa Wagner, hoy rebautizada como Africa Corps, negocia con los rebeldes la explotación de los yacimientos de oro. El Kremlin cuenta para ello con la punta de lanza de su aliado emiratí y sigue con sus planes de instalar una base militar en Port Sudán, sea con el permiso de unos o de los otros. Turquía hace lo propio en su objetivo de hacerse con el control del disputado puerto de Suakin para instalar otra base militar. La UE, en su insignificancia, ha puesto asimismo una vela a dios y otra al diablo. China, cuyo objetivo son las tierras, raras, cultivables, transitables, estratégicas... africanas, arma a ambos bandos mientras espera a que Sudán caiga, como fruta madura.

La situación es tan esperpéntica que Kiev, alineada con la junta militar sudanesa, confirmaba hace meses que soldados ucranianos luchan contra paramilitares rusos en el país. Los ecos de guerra en el este de Europa han llegado a África.

Todo ello en un país sobre el que pende ya desde 2004 un embargo de ventas de armamento de la ONU.

Sudán, que va en camino, si no lo ha hecho ya, de convertirse en un estado fallido como Somalia, se desangra y es esquilmada ante el olvido del mundo. Desgarradora metáfora de un continente que alumbró lo que llamamos hoy inmerecidamente Humanidad; de un continente que es paradójicamente su única esperanza demográfica, ecológica, vital. Será por eso que el resto del mal envejecido mundo no soporta que África pudiera, algún día, despuntar.

REPÚBLICA DEMOCRÁTICA DEL CONGO (RDC)
UNA GUERRA SIN FIN

El drama de Sudán palidece si hacemos un repaso a la inacabada guerra, o guerras, del Congo.

Esta tierra, el país más extenso del África negra y regado por el río del mismo nombre, está marcada por una maldición que no tiene parangón en el sufrido continente. Padeció un colonialismo, el instaurado por el rey belga Leopoldo II, que hacía pasar por paternalistas las experiencias coloniales francesas y europeas.

Bajo su reinado, y el de sus sucesores, Bélgica gobernó la colonia con puño de hierro y esclavizó a sus pobladores, a los que mutilaba, castraba, violaba y mataba si no entregaban el marfil, el caucho o los minerales que les exigía en una suerte de feudalismo colonial brutal.

La visión de esa brutalidad fue la que desengañó al marino y luego escritor Joseph Conrad en su navegación sobre el río y le inspiró a escribir su obra más conocida, *El corazón de las tinieblas* (justo es decir, en pleno revisionismo, que no es una novela escrita desde la perspectiva africana y rezuma eurocentrismo).

Como ocurre con sus ingentes riquezas naturales, que han sido su perdición, el Congo tiene una inmensa diversidad cultural, con más de medio millar de grupos humanos y con grandes desigualdades regionales. Lo que fue, cómo no, utilizado por la metrópoli belga –que jugaba a la centralización y a la descentralización en un cálculo macabro–, y condicionó al país desde su independencia.

El origen del drama congoleño en el paso del siglo XX al XXI se remonta a la injerencia estadounidense en el improvisado proceso de descolonización del que fuera el Congo Belga.

Once días después de su independencia, declarada el 30 de junio de 1960, el enclave sureño de Katanga, rico en minerales, anuncia su secesión con el apoyo de Bruselas, que suspira por mantener el control de sus vastos recursos minerales, uranio incluido. Antes, en mayo, el panafricanista de izquierdas Patrice Lumumba, líder del Movimiento Nacional Congoleño (MNC). había ganado claramente las elecciones con una agenda antiimperialista y centralista. La provincia de Kasai-Sur, colindante con Katanga, se alía con esta última y provoca la intervención militar del nuevo Gobierno congoleño, con miles de muertos. Estamos ante la primera guerra del Congo.

Tras exigir que las tropas belgas abandonen Katanga, Lumumba amenaza con pedir una intervención de la URSS y/o del pacto de Bandung, una alianza de países asiáticos y africanos recientemente descolonizados que se reunieron en 1955 en la ciudad indonesia y reclamaban el fin del neocolonialismo. El Egipto de Nasser, la India de Nehru y la Indonesia de Sukarno eran los promotores de esta iniciativa antiimperialista.

La implicación de Rusia y la puesta en duda de su papel imperial era algo que EEUU no podía tolerar y la CIA y Bélgica patrocinaron el golpe de Estado del militar Mobutu Sese Seko. En 1961, Lumumba fue detenido, trasladado a Katanga, torturado, ejecutado y hecho desaparecer. Mobutu, mano derecha de Lumumba y que había sido nombrado por él como jefe del Ejército, rigió con puño de hierro los destinos del país, al que rebautizó como Zaire, recuperando el término de origen portugués que designaba en el siglo XVI al río Congo (derivado del kikongo *nzadi*, que significa río). Inició así una política de africanización folclórica y cultural del país que escondía su entrega a las multinacionales occidentales (en 1976, las empresas nacionalizadas por Lumumba serán devueltas a los europeos).

Tras llegar al poder aprovechando las divisiones políticas y geográficas internas, Mobutu amasó una inmensa fortuna personal mientras los congoleños se morían de hambre, y mantuvo el apoyo de Occidente por su participación en Angola en la guerra por delegación contra la URSS, en la que Cuba mandó soldados en apoyo al Gobierno marxista-leninista del MPLA, hostigado por las guerrillas de la UNITA y del FNLA, sostenidos por el régimen racista sudafricano.

Tras el desmoronamiento de la URSS y el fin de la Guerra Fría, Mobutu era prescindible y el mismo Occidente decidió que su régimen ya no tenía un pase. El dictador fue derrocado en la primera guerra del Congo (1996-1997).

Segunda guerra del Congo

Ni un año tardó en estallar un nuevo conflicto, ya en la rebautizada República Democrática del Congo (RDC). La segunda guerra del Congo, conocida como la Gran Guerra

Africana o Guerra Mundial Africana, dejó en solo tres años (1998-2003) un saldo de 5,4 millones de muertos y otros tantos millones de desplazados y refugiados. Muchos murieron por desnutrición y de enfermedades comunes. El balance más sangriento desde la II Guerra Mundial. Participaron en ella nueve estados africanos, además de decenas de facciones armadas.

Los ecos del genocidio de Rwanda, hace hoy cuarenta años, y en el que el Gobierno, dominado por los hutus, mató a hasta un millón de tutsis, resonaban en esta guerra. Pero su origen se remontaba igualmente al dominio colonial belga, que impuso un sistema de segregación social en el que primaba a la minoría tutsi y discriminaba a la mayoría hutu. De aquellos lodos estos odios...

El acuerdo de paz de Pretoria en 2003 no impidió que un año más tarde se desatara la tercera guerra del Congo, o Guerra de Kivu, en la que ejércitos y facciones armadas pugnan por el control de la extracción de minerales, sobre todo del coltán, pero sin olvidar el cobre, estaño, cobalto y tungsteno, en esta rica región oriental congoleña fronteriza con Uganda y Ruanda. De ahí que se la llame también Guerra del Coltán, mineral clave para la pujante industria tecnológica.

Kivu Norte se ha convertido en escenario de una guerra por delegación entre dos Estados vecinos de la RDC por el negocio de las inmensas riquezas naturales de este país. Rwanda apoya a los rebeldes de la guerrilla del M23 para debilitar las crecientes relaciones con Kinshasa de Uganda, que por su parte apoya al Ejército congoleño y a otros grupos armados.

Todos los acuerdos de paz avalados por organizaciones regionales e internacionales en todos estos años han fracasado. Una frase se oye a menudo en Kinshasa, capital de la RDC: «*Congo ekobonga te*» (El Congo nunca saldrá del abismo).

CONFLICTOS (DES)CONGELADOS

Guerra de Tigray

La lista de conflictos latentes y mal congelados en África es interminable e incluye a Etiopía, uno de los países recientemente más estables del continente y que había superado el trauma de la larga guerra con Eritrea.

La llegada al poder de Abi Ahmed Ali en 2018 despertó grandes esperanzas. Más cuando lo primero que hizo fue firmar un acuerdo de paz con Eritrea que ponía punto final a décadas de conflicto (guerra de liberación eritrea entre 1961 y 1991, conflicto fronterizo entre 1998 y 2000 y sus réplicas durante años). Ello le valió el premio Nobel de la Paz de 2019.

Pero el primer ministro no se quedó ahí y apostó por socavar el dominio de las élites de la provincia septentrional de Tigray y de su grupo armado, el FLPT, en los sucesivos gobiernos de Etiopía. Una herencia de la guerra contra Eritrea. La medida fue considerada un agravio por la minoría tigrina. A ello contribuyó que fuera tomada por un primer ministro que pertenece a la etnia mayoritaria, los oromo.

La guerra era inevitable, como la victoria de Etiopía, y dejó, entre 2020 y 2022, 600.000 muertos en Tigray –de un total de ocho millones de habitantes–, la inmensa mayoría de hambre, por el bloqueo de toda ayuda humanitaria, y un millón de refugiados. Se trata, en términos comparativos, de la guerra más cruel del siglo XXI.

La firma del acuerdo de paz en 2022 acabó con la guerra, pero no con sus ecos. El Ejército eritreo, que aprovechó las hostilidades para cruzar la frontera, sigue presente en Tigray y perpetra periódicos desmanes contra su población. Rivalizan con él en crueldad las milicias de la etnia amhara, enemiga histórica de los tigrinos.

El Nobel de la Paz a Ahmed Ali se ve hoy prematuro. Cuando no premonitorio de una guerra sin fin.

El drama saharaui

Cualquier análisis de las guerras en África queda cojo sin abordar el drama del pueblo saharaui. Un pueblo traicionado y abandonado a su suerte por la metrópoli colonial española tras la Marcha Verde marroquí de 1975 que ocupó y colonizó su territorio. La mitad de la población del Sahara Occidental huyó al desierto y fue acogida por Argelia en los campamentos de Tinduf, donde 200.000 saharauis siguen a día de hoy varados en las dunas de arena con sus descendientes. Otros huyeron de los bombardeos con napalm y fósforo blanco. El resto se quedó en su país a merced de la represión ocupante. A día de hoy suponen solo el 15 % de la población por la avalancha de colonos marroquíes.

Para entonces, el Frente Polisario, creado en 1973, ya hostigaba al Ejército marroquí. Ambas partes firmaron en 1991 un alto el fuego tras la promesa por parte de Naciones Unidas de un referéndum de autodeterminación para proceder de una vez por todas a la descolonización del Sahara Occidental. Desde entonces nada ha cambiado.

El régimen alauí boicoteó desde el principio el proceso, con el rey y «comendador de los creyentes» Hassan II, quien pretendió ampliar el censo electoral con colonos marroquíes. Tras el rechazo por parte de la ONU de esta maniobra para condicionar el resultado de la consulta, su hijo y heredero, el rey Mohamed VI, se plantó y puso en 2007 como límite de sus *concesiones* una autonomía de papel para los territorios saharauis ocupados.

Francia coqueteó con este ultimátum y los EEUU de Trump fueron incluso más allá. A cambio de que Marruecos se sumara a la iniciativa de los Acuerdos de Abraham, con los que ha logrado el reconocimiento de Israel por parte de varias satrapías árabes, Washington reconocía la soberanía del reino alauí sobre el Sahara.

Corría el año 2020 y los saharauis, que diez años antes protagonizaron una protesta con una acampada en Gdeim Izik, en las afueras de la ocupada capital de Al Aiun –revuelta que fue desmantelada a sangre y fuego por la policía marroquí y fue el preludio de la Primavera Árabe–, se veían cada vez más aislados y olvidados por la diplomacia internacional.

La situación estalló tras la disolución, *manu militari*, de un bloqueo saharaui pacífico del paso de Guerguerat, que conecta Marruecos con Mauritania a través de territorio saharaui, en noviembre de 2020. El Frente Polisario responsabilizó a Marruecos de la ruptura del alto el fuego y volvió a lanzarse en armas contra el ocupante. Desde entonces, en estos últimos años, la guerrilla saharaui ha atacado posiciones marroquíes en el muro de separación, pero ha podido llevar a cabo contadísimas operaciones de envergadura, dada la abrumadora superioridad militar de Rabat.

Israel premió la normalización de relaciones con el régimen alauí suministrándole drones. Si a ello unimos la tecnología aérea turca que ya utilizó Azerbaiyán en su guerra relámpago en Artsaj (Nagorno Karabaj), tenemos un escenario de franca desventaja del Polisario frente al Ejército marroquí. Los drones se han convertido en un factor decisivo en las guerras del siglo XXI, como se evidencia no solo en el Cáucaso, sino también en Ucrania y en otros escenarios bélicos.

Para colmo, los saharauis sufrieron en 2022 una nueva traición de España, esta vez de manos del Gobierno progresista de Pedro Sánchez, quien, a cambio de la falsa promesa marroquí de impedir los asaltos de migrantes en las fronteras de Ceuta y Melilla, asumió la propuesta alauí de autonomía como «la base más seria, realista y creíble para la resolución del contencioso».

Aprovechando el paréntesis de los Juegos Olímpicos de París, el presidente francés, Emmanuel Macron, hacía suyo a finales de julio de 2024 el giro español aduciendo justificaciones en torno a la seguridad frente a la amenaza yihadista y las oportunidades de negocio con el régimen alauí.

Realmente, lo que más ha pesado es la pérdida de pie del Estado francés en el Sahel, donde sus soldados han sido literalmente expulsados de Mali, Burkina Faso y Níger. París necesita aliados para que la Françafrique no pierda más peso en el Continente Negro.

Los saharauis han sido abandonados, no tienen drones y cuentan solo con el apoyo de una Argelia en la que el histórico pero agotado y corrupto FLN bastante tiene con mantenerse en el poder ante una sociedad hastiada que ha protagonizado varios levantamientos en el último decenio.

El conflicto tiene visos de eternizarse, cuando no de ir disolviéndose lentamente, y desapareciendo en las arenas del desierto con lo que queda del pueblo saharaui libre. Un destino que comparte con el palestino, aunque este tenga una mayor, pero a la vez muchísimo más cruel, actualidad.

Y luego nos extraña que jóvenes saharauis de Tinduf desertaran y se unieran a las organizaciones yihadistas que operan en el Sahel...

Yihadismo y retirada postcolonial en el Sahel

Llegamos, y terminamos, con la ofensiva yihadista en el Sahel y sus consecuencias en la región.

El Sahel es una inmensa llanura semiárida de transición entre el desierto del Sahara al norte, y la sabana sudanesa al sur. Sus diez países se vieron sacudidos por la diseminación de grupos yihadistas y otras facciones armadas procedentes de Libia tras el derrocamiento de Gadafi con ayuda de la OTAN en 2011. Años más tarde, tras la derrota del califato del ISIS en Siria-Irak en 2019, este grupo decidió desembarcar en la región. No obstante, la expansión del yihadismo responde más a dinámicas locales, en concreto a la ausencia del Estado que, lejos de garantizar el orden y la estabilidad social, suple su debilidad con excesos y atropellos de todo tipo contra la población de las zonas afectadas. La zona más caliente es la triple frontera entre Mali, Burkina Faso y Níger.

En 2011, una coalición de grupos yihadistas con los tuaregs, que se habían integrado en el Ejército de Gadafi y que tras su caída se apoderaron de arsenales de armas libios, lanzaron una operación en la que, tras hacerse con el control del norte de Mali, estuvieron a punto de llegar a la capital, Bamako.

Francia, la antigua metrópoli colonial, frenó esa ofensiva con su intervención militar. Sus tropas permanecieron en el país en nombre de la lucha contra los yihadistas. Para entonces estos habían traicionado a los tuaregs del MNLA (Movimiento Nacional para la Liberación de Azawad). Hablamos de un enclave, el norte de Mali (Tombuctú, Kidal y Gao), reivindicado por los llamados «hombres de azul» (tuaregs), un pueblo bereber (amazigh) de tradición nómada presente en seis países africanos (además de Mali, Argelia, Mauritania, Libia, Níger y Burkina Faso).

Los bereberes (término que proviene del vocablo despectivo griego de bárbaros), o mejor dicho amazighs, son un conjunto de etnias autóctonas del norte de África, desde el valle del Rif en Marruecos pasando por la Kabilia argelina y llegando hasta el oasis de Siwa, en Egipto. Sin olvidar, por supuesto, al Sahel y a los tuaregs.

Una miríada de grupos yihadistas operan en esta última región: Ansar Dine (Defensores de la Religión), una escisión salafista de los tuaregs del MNLA; Al Qaeda del Magreb Islámico, de origen argelino, y su sucursal tuareg, el Grupo de Apoyo al Islam y los Musulmanes (JNIM); el Movimiento para la Unicidad y la Yihad en África Occidental (MUYAO) y, finalmente, el ISIS del África Occidental (Daesh-Wap), al que ha jurado obediencia una escisión de los nigerianos de Boko Haram, tristemente famosos por sus secuestros masivos de niñas.

La incapacidad militar francesa para derrotar a los yihadistas, el histórico resentimiento contra la metrópoli y su arrogancia postcolonial y el fracaso de las experiencias democráticas en África, extensible a todo el mundo, ha sido aprovechado por los Ejércitos de Mali, Burkina Faso y Níger para perpetrar golpes de Estado que les han llevado al poder. La reacción militar se ha extendido a países libres de la amenaza yihadista como la vecina Guinea Conakri. Chad se mueve al filo de la navaja.

Pero la amenaza yihadista no ha desaparecido, sino que crece sin parar. Lo que sí ha cambiado es el alineamiento de estos países. Las tropas francesas han sido sustituidas por paramilitares rusos herederos de la disuelta Wagner. El Kremlin ha sustituido a Occidente en el saqueo, ya abierto y sin disimulo, de las riquezas minerales de estos países.

Pero eso no ha traído estabilidad a la zona. Al contrario. Tras ser obligados a retirarse de su bastión de Kidal, los rebeldes tuaregs del MNLA, con la ayuda de los yihadistas del JNIM, emboscaron a finales de junio de 2024 a una columna del Ejército maliense y de los mercenarios rusos de Wagner en la localidad de Tinzaouaten, en la frontera con Argelia. Decenas de «músicos» y de soldados de Mali fueron abatidos y los supervivientes se rindieron a los tuaregs por miedo a ser degollados por los yihadistas.

En esta reconfiguración de las relaciones internacionales, Francia ya ha retirado sus tropas y EEUU ha sido forzado a hacer lo propio en la estratégica Níger. China impone a estos países contratos y préstamos con condiciones que lastran su futuro.

Del yihadismo al cambio de cromos postcolonial. Los países africanos siguen siendo víctimas. Lo que les queda, en muchos casos, es la yihad.

Y PARA REMATAR, EL ISIS

Rematar: terminar, dar la última puntada o poner fin a una vida que está en trance de muerte.

Las tres acepciones del término en la RAE vienen al pelo para explicar la vuelta a escena del Estado Islámico. El ISIS, también conocido con el acrónimo peyorativo de Daesh, volvía a aterrorizar a Rusia y a elevar todas las alertas en Occidente con el brutal asalto a finales de marzo de 2024 de una sala de conciertos en la ciudad de Kramatorsk, en la periferia noroeste de Moscú. Cerca de 150 personas morían tiroteadas y rematadas o presas de los incendios provocados por las granadas de cuatro asaltantes en el auditorio Crocus City.

El atentado, que recordó al del auditorio de conciertos Bataclan en París en 2015, ponía fin a unos años de relativa calma, sobre todo en Europa, aunque jalonados de operaciones policiales que habrían frustrado no pocas tentativas.

Pero, en realidad, el ISIS nunca se fue. Estaba ahí, agazapado, pero cada vez más fuerte y con más tentáculos tras el desmantelamiento en 2019 por parte de las milicias kurdas del último reducto en Bahgouz de su califato entre Siria e Irak. Que se lo pregunten, si no, a los árabes, beduinos, kurdos, persas, afganos, africanos del Sahel... que llevan sufriendo sus desmanes en los últimos años.

El Daesh se ha hecho fuerte en el desierto del centro de Siria, desde donde lanzan ataques una y otra vez en las provincias de Raqqa (antigua capital siria del califato), Alepo o Deir Ezoor, en el norte del país. Está cada vez más presente en Irak, sobre todo en la región septentrional de Kirkuk, reivindicada como territorio histórico por los kurdos.

La lista de picas de Flandes del ISIS en el mundo es más larga, desde la Cirenaica en Libia, hasta la provincia de Cabo Delgado en Mozambique, este de África, pasando por el oeste (triángulo de Mali, Burkina Faso y Níger) y el centro del Continente Negro (Nigeria, Chad, República Democrática del Congo...). Sin olvidar Yemen, en el sur de la Península Arábiga. E incluso opera en la isla musulmana filipina de Mindanao, en el sudeste asiático.

Estamos ante una mancha de aceite, de sangre. Se expande aprovechando el malestar de las poblaciones locales ante unos regímenes represivos que deben su autoritarismo a herencias postcoloniales y a causas endógenas, como la corrupción y el saqueo de unas riquezas que condenan a no tener futuro a una juventud que no ve otra alternativa que emigrar. O, en su caso, a enrolarse en bandas armadas que practican todo tipo de contrabando y secuestros, y que, por deriva, son cooptadas por grupos yihadistas.

Semejante crisis generacional coincide con, y en parte explica, la emergencia en los últimos decenios de corrientes islámicas rigoristas como el salafismo árabe o el deobandismo asiático, que predican en los márgenes de movimientos piadosos como el de la cofradía de los Hermanos Musulmanes, la principal federación arabo-musulmana del islamismo político, y aprovechan su lema de «el islam es la solución» para cruzar el Rubicón y pasar de la justificación de la «yihad defensiva» a la «yihad ofensiva» y a su corolario, el yihadismo terrorista.

Por último, el yihadismo aprovecha las divisiones de esos países, internas y/o inducidas desde el exterior, para alimentarlas y llevarlas al límite, propagando luego su «solución milenarista», que retrotrae al presente, y proyecta para el futuro, una visión mitificada del pasado, la de los orígenes del islam hace ¡14 siglos!

El califato islámico

El ISIS surgió de las cenizas de la sucursal iraquí de la red Al Qaeda. Liderada por Abu Bakr al Bagdadi, en su día prisionero de EEUU en la cárcel de Camp Bucca (Basora, sur de Irak). El emir de Al Qaeda en Irak se negó a unir sus fuerzas a la sucursal siria de la red al calor de la guerra civil que siguió a la revuelta en el país árabe en 2011 y tres años más tarde rompió definitivamente su obediencia a Aiwan al-Zawahiri, sucesor de Osama Bin Laden.

Nacía así el Estado Islámico (ISIS) y lo hacía sobre la base territorial de un califato sirio-iraquí del tamaño de Inglaterra y con capitales en Mosul (Irak) y Raqqa. Su objetivo, asentar su experiencia milenarista y rigorista para extenderse a otros países de la Umma, la comunidad musulmana, e incluso más allá (Al Andalus, Andalucía, Estado español).

Una extraña coalición de 14 países, desde EEUU hasta Irán, declaró la guerra al ISIS, pero fueron las milicias iraquíes proiraníes y las milicias kurdas englobadas en la coalición opositora de las Fuerzas Democráticas Sirias (FDS) las que se enfrentaron a los yihadistas sobre el terreno y pagaron con su sangre la victoria sobre el emirato en 2019. Los mismos kurdos que desde entonces se han quedado solos para vigilar el gran campo de prisioneros de Al Hol, donde se hacinan miles de milicianos del ISIS y sus familias, no pocas de ellas extranjeras. Las FDS llevan años alertando de incursiones crecientes del ISIS a las cárceles para liberar a los suyos y del lento pero constante fortalecimiento de los yihadistas. Mientras el mundo, desde EEUU a Rusia, se hace el loco y se niega a repatriar a los suyos.

El ISIS parece haber emulado en cierta manera el modelo descentralizado de la red Al Qaeda, a la que hoy supera claramente en términos de popularidad y de alistamiento de los distintos grupos locales, que le juran obediencia. Daesh establece así wilayas (provincias en el antiguo imperio otomano) que, pese a su referente geográfico, responden más a la presencia en esos enclaves, desérticos o montañosos, de brigadas y células yihadistas.

Otra vez Afganistán

En esa expansión destaca la importancia creciente de la wilaya del Gran Jorasan (ISIS-K) en la vaporosa frontera entre Afganistán y Pakistán. Toda una paradoja, ya que fue en la guerra afgana contra la invasión soviética en los años ochenta cuando y donde nació Al Qaeda, con dinero saudí, apoyo militar y logístico paquistaní y con el impulso de EEUU. Una red, la del desaparecido Bin Laden, que rivaliza hoy, incluso militarmente, con Daesh.

El Estado Islámico del Gran Jorasán, región histórica del imperio persa sasánida que englobaba partes de las actuales Irán y Afganistán, y de las repúblicas centroasiáticas de Turkmenistán, Uzbekistán y Tayikistán, se estrenó a ojos del mundo occidental cuando lanzó a sus kamikazes contra los miles de afganos que se agolpaban en el aeropuerto de Kabul pidiendo un pasaje para huir de los talibanes. Era agosto de 2021 y EEUU evacuaba a los suyos tras veinte años de fracasada ocupación del país asiático. Colaboradores, funcionarios de los sucesivos gobiernos títeres y sus familias y defensores de los derechos humanos temían la venganza del talibán y rogaban subir a los aviones de la espantada estadounidense por temor a la venganza de los «estudiantes del Corán» (*talib*).

El ISIS se le adelantó. Cerca de 200 afganos murieron reventados o ahogados entre una muchedumbre aterrorizada, además de 13 marines estadounidenses.

Desairados, y ya en el poder, los talibanes reivindicaron en 2023 la muerte del líder del ISIS-K que ordenó semejante matanza. El emir Shahab al-Muhajir era, o es en realidad —no hay certezas de su muerte— Sanaullah Ghafari, quien trabajó como guardia de seguridad en la base estadounidense de Bagram y luego fue escolta del señor de la guerra uzbeko-afgano Rashid Dostum. Toda una biografía.

Atentado en Irán

Muerto o no su líder, el ISIS de Jorasán no ha hecho desde entonces sino aumentar su influencia y su ofensiva. En enero de este año 2024, dos meses antes del asalto en las cercanías de Moscú —el jefe del Kremlin, Vladimir Putin, trató sin éxito de desviar la atención sobre las fallas de inteligencia apuntando a una supuesta mano ucraniana—, el grupo reivindicaba el atentado en la ciudad de Kerman, sudeste de Irán, contra la ceremonia de homenaje a Qasem Soleimani, comandante de la fuerza de élite Al Quds de la Guardia Revolucionaria muerto por un dron estadounidense cuatro años antes.

Murieron 103 personas, apóstatas según la acepción que utiliza el Daesh para justificar su persecución a los musulmanes chiíes que, no se olvide, son, junto con los musulmanes suníes que no casan con su locura milenarista, las primeras y principales víctimas del yihadismo.

Junto a la mayoría chií de Irán, la minoría hazara chií afgana es el principal objetivo del ISIS de Jorasán. Precisamente, la provincia central de Bamiyan, habitada principalmente por hazaras, fue escenario a mediados de 2024 del primer atentado del ISIS contra turistas occidentales desde que los talibanes volvieron al poder. Tres turistas catalanes y tres guías nativos hazaras murieron tiroteados en un mercado. Varios resultaron heridos graves, entre ellos una bilbaína, Irene Tamayo, que murió víctima de las secuelas del atentado a finales de julio en el hospital de Basurto.

Necesitado con urgencia de divisas y de una limpieza de su imagen a nivel internacional, el Gobierno talibán se había enfrascado en un intento de atraer al turismo extranjero. Otra paradoja, cuando fueron los talibanes los que destruyeron a bombazos en 2001, poco antes de la invasión estadounidense, las esculturas gigantes de los Budas del mismo Bamiyan, erigidas en la Edad Media y en la lista de Patrimonio de la Humanidad de la UNESCO. Los mismos talibanes que al llegar al poder por primera vez en 1996 declararon la guerra santa a los hazaras.

Ahora, este movimiento rigorista es incapaz de blindar la seguridad del país porque, de un lado, tiene al enemigo en casa: El ISIS afgano se nutre de seguidores de la red de la tribu Haqqani, cuyo líder, Sirajuddin Haqqani, es ni más ni menos que ministro de Interior del Gobierno talibán, mientras en paralelo mantiene fuertes vínculos con el yihadismo, tanto del Daesh como de Al Qaeda, presente asimismo en Afganistán. De otro, el ISIS se alimenta de las tensiones étnicas del país asiático. Así, a la vez que se alimenta del odio de los suníes más rigoristas a los hazaras chiíes, lanza guiños a la minoría tayika contra la mayoría pastún, ambas suníes.

Tayikos y daguestaníes

No es casualidad que prácticamente todos los miembros del comando que atentó en la sala de conciertos de Kramatorsk en marzo fueran de etnia tayika. El ISIS utiliza la presencia de históricas e importantes bolsas de emigración de población de Asia Central (tayikos, uzbekos, kirguises, turkmenos, kazajos...) en Rusia, y del creciente racismo y xenofobia que sufren, como punta de lanza para sus ataques en suelo ruso.

No en vano lleva tiempo intentando crear wilayas en los distintos «istanes» del centro de Asia, lo que hasta ahora han impedido sus regímenes autoritarios herederos de la época soviética. Tampoco Rusia y China, con su propia y discriminada etnia túrquica de los uigures, se lo ponen fácil con sus políticas abiertamente islamófobas.

Así las cosas, el ISIS se ha limitado hasta ahora a reclutar miembros de estas etnias con la ayuda del Movimiento Islámico de Uzbekistán (MIU) que, desde el indómito valle de Fergana, lleva desde 2017 nutriendo de centro-asiáticos y de caucásicos (chechenos, ingushes...) las filas del Daesh, primero en Siria-Irak y ahora en Afganistán (Jorasán).

Hablando de caucásicos, el mismo ISIS reivindicó en junio los asaltos a dos iglesias ortodoxas y una sinagoga en las dos principales ciudades de Daguestán, fronterizo con Chechenia. Mataron a una veintena de personas, la mayoría policías en Majachkalá, su capital, y en la ciudad de Derbent. Putin mantuvo esta vez la boca cerrada y no acusó a Ucrania.

El modus operandi yihadista es el mismo en el resto del mundo. Aprovechar las debilidades y las tensiones internas de las sociedades para medrar y vender su mensaje. Ocurre en el Sahel, como hemos visto en el capítulo anterior con el Estado Islámico del Gran Sahara en la «triple frontera» de Mali, Burkina Faso y Níger.

Sin salir de África, el ISIS, que llegó a tener bajo su control la ciudad natal del coronel libio Gadafi, Sirte, ha extendido sus tentáculos y creado sucursales en África Central y en África Occidental (ISCAP e ISWAP, por sus siglas en inglés). Lucha asimismo por la primacía yihadista en un Yemen en guerra enfrentándose a la histórica Al Qaeda de la Península Arábiga (AQAP).

Por lo que toca a Europa, la persistencia de ataques de lobos solitarios recuerda que la amenaza sigue ahí. Y se nutre tanto del malestar por los problemas de integración de la población inmigrante de origen musulmán –hasta la de tercera generación–, como por las políticas de complicidad, cuando no de intervención directa, en los ataques a pueblos arabo-musulmanes por parte de la comunidad internacional en su sentido más amplio.

Gaza es por ahora el último ejemplo. Mientras París se felicitaba por haber superado la alerta máxima en plenos Juegos Olímpicos, la policía austriaca detenía a dos jóvenes que juraron obediencia al ISIS y que planearían atentar contra el macroconcierto de la cantante-estrella estadounidense Taylor Swift en Viena. El evento, que esperaba congregar a cerca de 200.000 personas, fue suspendido.

De las agrestes montañas de Afganistán a Rusia y Occidente. Y de ahí a Gaza. El círculo infernal se cierra.

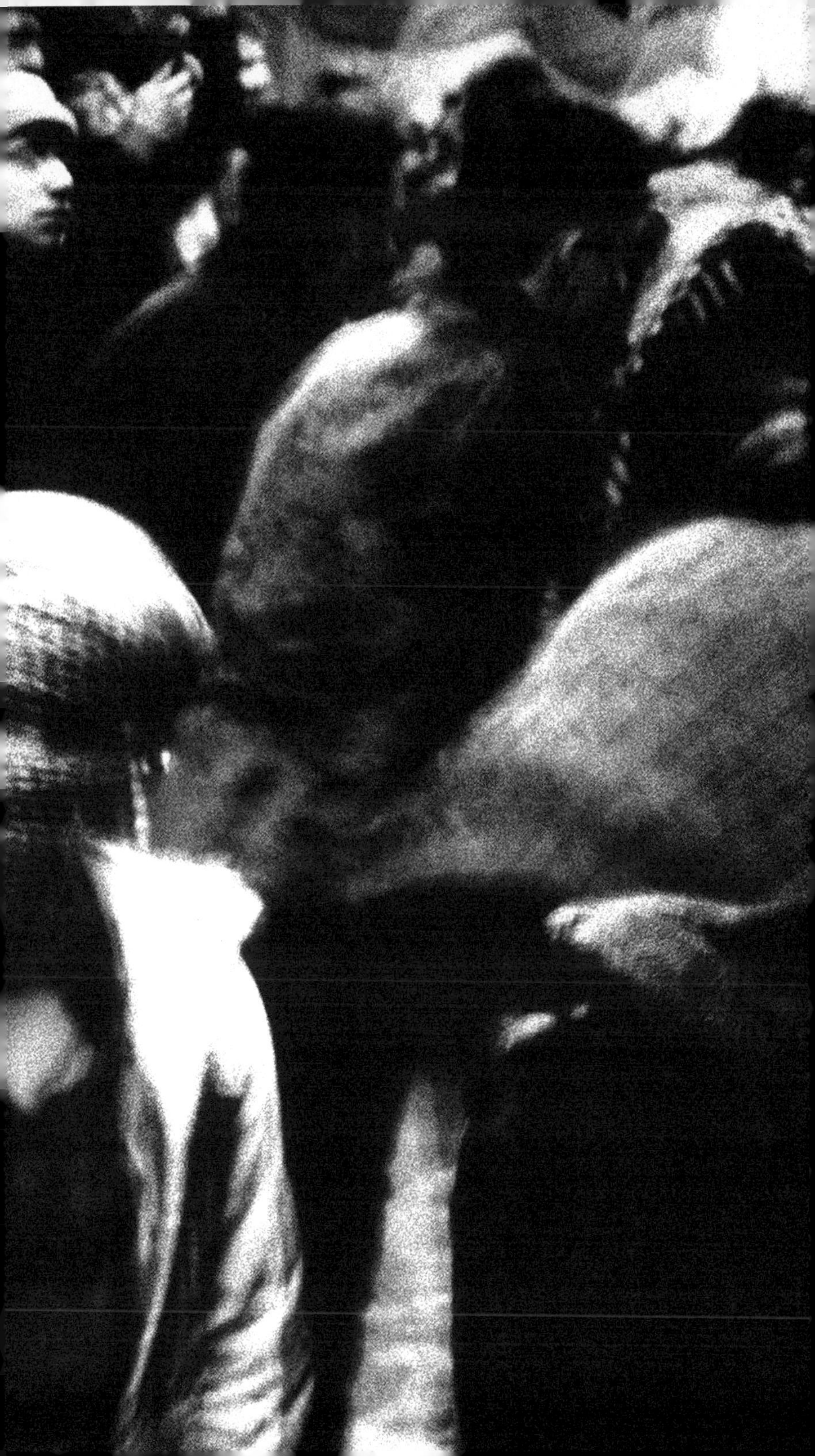

EPÍLOGO

Este libro terminó de escribirse en torno al 7 de octubre de 2024, justo un año después de la incursión de Hamas en Israel y el inicio del genocidio de Gaza. Un suceso que, conviene insistir, pese a ser el primero en esta secuencia no fue causa sino consecuencia de un siglo de despojo a los palestinos de su tierra. Y, en el caso de la Franja, de dos décadas de abandono a su suerte de sus habitantes, la mayoría refugiados, desde la desconexión de 2006.

Terminó de escribirse entre informaciones no confirmadas sobre la muerte en otro bombardeo del sucesor del jeque Nasrallah, Sayyed Hasem Safieddine, al frente de Hizbulllah.

Y, sobre todo, cuando muchos esperábamos, aterrados, la anunciada reacción de Israel, y su alcance, tras la respuesta militar de Irán a las reiteradas provocaciones de Netanyahu.

Y cuando Rusia terminaba de tomar el control de la estratégica localidad de Vuhledar (Ugledar en ruso) y de varias localidades alrededor de Pokrovsk, todo ello en Donetsk, lo que presagiaba una aceleración en el avance de sus tropas para conquistar todo el Donbass.

La vorágine de acontecimientos que define esta época hace que sea tarea imposible cerrar este libro, sobre todo en lo que toca a los conflictos de Oriente Medio y de Ucrania, por lo que es más que previsible que la lectora o lector que lo abra no halle referencias a sucesos acaecidos entre su entrega a imprenta y edición hasta su publicación.

Vayan por delante las disculpas, con la esperanza de que esta obra haya apuntado claves que resistan al paso de estos frenéticos tiempos que vivimos y en los que la que hace poco podía ser considerada la noticia del año pierde actualidad escasas horas después, cuando se ve superada por otra en una vorágine de la que no se ve el final.

¿O será que sí hay un final a la vista y nos negamos a anticiparlo en su cada vez más evidente y dramática dimensión?

BIBLIOGRAFÍA

Achcar, Gilbert. ¿Qué futuro para Gaza? *Le Monde Diplomatique*, junio de 2024.

Alba Rico, Santiago. Israel y el derecho a la existencia. *GARA*, 11-11-2023.

Baconi, Tareq. *Hamas*. Capitán Swing, 2024.

Bonet, Pilar. *Náufragos del imperio. Apuntes fronterizos*. Galaxia Gutenberg, 2023.

Faraldo, José M. *Rusofobia*. Catarata, 2023.

Gernet, Jackques. *El mundo chino*. Libros de Historia, 2023.

Jacquemot, Pierre. Le Rwanda et la République Democratique du Congo. David et Goliat dans les Grands Lacs. *Revue internationale et stratégique*, n.º 95, marzo de 2014.

Lebser, Luali. El Polisario cumple un aniversario crítico en clave política y militar. *GARA*, 30 de mayo de 2023.

Masalha, Nur. *Israel: Teorías de la expansión territorial*. Edicions Bellaterra, Biblioteca del Islam Contemporáneo, 2002.

Nana Ngassam, Rodrigue. Estado fallido, un calvario para los congoleños. *Le Monde Diplomatique*, mayo de 2024.

Richard, Yann. *El Islam Shií*. Edicions Bellaterra, Biblioteca del Islam Contemporáneo, 1996.

Rutherfurd, Edward. *China*. Roca Editorial, 2021.

—. *Rusos I y II*. El País.

Sierra, Ander y Marrades, Ángel. *La Nueva Era de China: la gran estrategia para el sueño de Xi Jinping*. Fuera de Ruta, 2023.

Taibo, Carlos. Rusia en la era de Putin. Catarata, 2006.

——. *Rusia frente a Ucrania.* Catarata, 2014.

Veiga, Francisco. *Ucrania 22: La guerra programada.* Alianza Editorial, 2022.

VV.AA. Taiwán, la perla del Indo-Pacífico. *Vanguardia Dossier,* n.º 87, abril-junio de 2023.

VV.AA. Ucrania. *De la Revolución del Maidán a la Guerra del Donbass.* Comunicación Social, ediciones y publicaciones, 2019.

Zurutuza, Karlos. *Una trinchera en Marte. Historias de Baluchistán.* Libros del K.O., 2024.

Este libro,
UN MUNDO EN PIE DE GUERRAS,
se ha terminado de diseñar, componer y maquetar en Iruñea,
en el estudio de ESPACIO KREIVA,
en un tiempo en el que los conflictos y las tragedias humanitarias
se suceden en numerosos rincones del mundo,
fragmentados y distantes en las imágenes y palabras
que cruzan nuestras pantallas.
Ante el ruido y la fugacidad, detenernos y profundizar
es un mínimo deber hacia quienes sufren estas guerras.

Aurkeztu dizugun liburuaren eduki, itxura edo inprimaketari buruzko iritzia guri helarazi nahi izanez gero, bidal iezaguzu. Zinez eskertuko dizugu.

La Editorial le quedará muy reconocida si usted le comunica su opinión acerca del libro que le ofrecemos, así como sobre su presentación e impresión. Le agradecemos también cualquier otra sugerencia.

EDITORIAL TXALAPARTA S.L.L.
San Isidro 35
31300 TAFALLA
Nafarroa
Tfno.: 948 70 39 34
info@txalaparta.eus
www.txalaparta.eus